ATIVIDADES INTERDISCIPLINARES DE

EDUCAÇÃO AMBIENTAL

CB027266

ATIVIDADES INTERDISCIPLINARES DE

EDUCAÇÃO AMBIENTAL

EDIÇÃO REVISTA, AMPLIADA E ATUALIZADA
PRÁTICAS INOVADORAS DE EDUCAÇÃO AMBIENTAL

GENEBALDO FREIRE DIAS – Ph.D.

Ano
2018 cristão
5779 judaico (hebreu)
1440 islâmico (muçulmano)
4716 chinês
6 maia
15.000.000.000 cósmico

© **Genebaldo Freire Dias, 1991**
2ª Edição, Editora Gaia, São Paulo 2006
4ª Reimpressão, 2018

Jefferson L. Alves - diretor editorial
Richard A. Alves - diretor geral
Flávio Samuel - gerente de produção
Luiz Guasco - edição de texto
Denise de Almeida - preparação de texto
Ana Cristina Teixeira - revisão
Vagner Vargas - ilustrações
Acervo do autor - fotos da capa
A Máquina de Ideias/Sergio Kon - projeto gráfico
A Máquina de Ideias - editoração eletrônica
Eduardo Okuno - capa

Obra atualizada conforme o
NOVO ACORDO ORTOGRÁFICO DA LÍNGUA PORTUGUESA

Dados Internacionais de Catalogação na Publicação (CIP)
(Câmara Brasileira do Livro, SP, Brasil)

Dias, Genebaldo Freire, 1949-.
Atividades interdisciplinares de educação ambiental : práticas inovadoras de educação ambiental / Genebaldo Freire Dias ; [ilustrações Vagner Vargas] - 2. ed. rev., ampl. e atual. - São Paulo : Gaia, 2006.

Bibliografia
ISBN 978-85-7555-076-2

1. Educação ambiental. 2. Homem - influência ambiental. I. Vargas, Vagner. II. Título.

05-8299 CDD-304.2

Índice para catálogo sistemático:

1. Educação ambiental : Ecologia humana 304.2

Direitos Reservados

editora gaia ltda.
Rua Pirapitingui, 111-A - Liberdade
CEP 01508-020 - São Paulo - SP
Tel.: (11) 3277-7999 - Fax: (11) 3277-8141
e-mail: gaia@editoragaia.com.br
www.editoragaia.com.br

Colabore com a produção científica e cultural.
Proibida a reprodução total ou parcial desta obra
sem a autorização do editor.

Nº de Catálogo: **1919**

Este livro é dedicado às pessoas que diariamente promovem a Educação Ambiental no Brasil, a despeito de todas as dificuldades.

Especialmente às mentes que examinam, refletem, iluminam e constroem as bases brasileiras de compreensão do processo:

Alexandre Pedrini
Carlos Frederico
Débora Munhoz
Elísio
Gustavo Ferreira
Isabel Cristina
Leff
Marcos Reigota
Maria José (Gualda e Lima)
Maria Rita
Mauro Guimarães
Michèle Sato
Naná
Quintas
Sorrentino

SUMÁRIO

ANEXOS

APRESENTAÇÃO

Passaram-se 15 anos desde a primeira edição deste livro. O mundo mudou e os desafios socioambientais se tornaram mais evidentes.

Nesse período, o Brasil tornou-se potência ambiental mundial. Dentre 175 países, somos o 11° colocado na classificação da pesquisa trianual das universidades de Columbia e Yale, Estados Unidos (Índice de Sustentabilidade Ambiental Global).

Desenvolvemos a nossa Política Nacional de Educação Ambiental (Lei 9.795/99, anexa, comentada) e avançamos muito em gerenciamento dos recursos naturais.

Na Educação Ambiental formal, entretanto, os avanços foram tímidos. As(os) professoras(es) ainda encontram muitas dificuldades para ter acesso à formação ambiental e aos recursos instrucionais especializados.

Os recursos destinados à Educação continuam sendo mal aplicados. Escolas sucateadas e educadoras(es) mal remuneradas(os) ainda são uma realidade.

É nesse contexto ainda desfavorável que apresento esta nova edição, totalmente reformulada. Na verdade, atendo aos apelos de colegas e de instituições que reclamavam da dificuldade de encontrar referências com essas características: *a prática da EA*.

Dentre os temas desenvolvidos destacam-se:

- Características e qualidade do hábitat humano.
- Exame do modelo de desenvolvimento.
- Padrões de produção e consumo.
- Qualidade da informação.
- Consumo consciente.
- Crescimento populacional.
- Preservação do patrimônio histórico-cultural.
- Ética, democracia, sustentabilidade e agenda positiva.

Os temas são desenvolvidos de forma analítica e crítica, sustentando-se na experimentação. Objetiva sensibilizar as pessoas acerca das realidades socioambientais do seu mundo. Busca examinar desafios e identificar alternativas de soluções.

O marco referencial adotado é a Lei 9.795/99, que instituiu no Brasil a Política Nacional de Educação Ambiental, bem como as orientações da Diretoria de Educação Ambiental do MEC e do Ministério do Meio Ambiente. Segue também as recomendações da Diretoria de Educação Ambiental do Ibama (A Educação no Processo de Gestão Ambiental).

O livro deve ser utilizado, simultaneamente, por diversos professores(as) de diferentes disciplinas de uma mesma série. O seu uso é multi e interdisciplinar. Deve fluir entre as aulas de diferentes regentes, em diferentes momentos.

Recebam esta obra como mais uma humilde contribuição ao processo de EA que vocês já desenvolvem.

Sucesso na sua missão evolucionária.
Muito obrigado.

Genebaldo Freire Dias

RECORDANDO

 processo de Educação Ambiental no Brasil segue as orientações da Política Nacional de Educação Ambiental (Lei 9.795/99), da qual destacamos:

Art. 1.º **Entendem-se por educação ambiental** os processos por meio dos quais o indivíduo e a coletividade constroem valores sociais, conhecimentos, habilidades, atitudes e competências voltadas para a conservação do meio ambiente, bem de uso comum do povo, essencial à sadia qualidade de vida e sua sustentabilidade.

Art. 2.º A educação ambiental é um componente essencial e permanente da educação nacional, devendo estar presente, de forma articulada, em todos os níveis e modalidades do processo educativo, em caráter formal e não formal.

Art. 4.º São **princípios básicos da educação ambiental:**

I – o enfoque humanista, holístico, democrático e participativo;

II – a concepção do meio ambiente em sua totalidade, considerando a interdependência entre o meio natural, o socioeconômico e o cultural, sob o enfoque da sustentabilidade;

III – o pluralismo de ideias e concepções pedagógicas, na perspectiva da inter, multi e transdisciplinaridade;

IV – a vinculação entre a ética, a educação, o trabalho e as práticas sociais;

VII – a abordagem articulada das questões ambientais locais, regionais, nacionais e globais;

VIII – o reconhecimento e o respeito à pluralidade e à diversidade individual e cultural.

Art. 5.º São **objetivos fundamentais da educação ambiental**:

I – o desenvolvimento de uma compreensão integrada do meio ambiente em suas múltiplas e complexas relações, envolvendo aspectos ecológicos, psicológicos, legais, políticos, sociais, econômicos, científicos, culturais e éticos;

IV – o incentivo à participação individual e coletiva, permanente e responsável, na preservação do equilíbrio do meio ambiente, entendendo-se à defesa da qualidade ambiental como um valor inseparável do exercício da cidadania;

Art. 10.º A educação ambiental será desenvolvida como uma **prática educativa integrada**, contínua e permanente em todos os níveis e modalidades do ensino formal.

§ 1.º A educação ambiental **não** deve ser implantada como disciplina específica no currículo de ensino.

PARTE I

Percebendo elementos do hábitat humano

ATIVIDADE 1

PERCEBENDO A CIDADE COMO UM TIPO ESPECIAL DE ECOSSISTEMA

A maior parte da população humana hoje vive em cidades. É necessário conhecer e compreender esse ambiente para que se possa perceber as pressões ambientais que geramos a partir dele. Com isso, podemos ampliar a percepção a respeito das mudanças de atitude que se fazem necessárias para que possamos atingir a sustentabilidade.

CONTEXTUALIZAÇÃO

As cidades são ecossistemas criados pelos seres humanos. Apesar de ocupar apenas 2% da superfície da Terra, as cidades consomem 75% dos recursos naturais globais e produzem 80% da poluição. Na atualidade, a maioria das pessoas já vive em ecossistemas urbanos, constituindo-se no hábitat preferido da espécie humana.

Apesar disso, esse ainda é o tipo de ecossistema menos estudado. Há uma necessidade urgente de ampliar a percepção sobre o funcionamento das cidades, o que ela consome e excreta (despeja) no ambiente.

O sucesso ou fracasso evolucionário da espécie humana será decidido pela forma como as cidades serão administradas.

Do ponto de vista ecológico, os ecossistemas urbanos são considerados parasitas do ambiente rural e de outros ambientes. Consomem oxigênio, água, combustíveis, alimentos e excretam gases tóxicos e restos orgânicos. Não sobreviveriam uma semana sem a entrada dos recursos naturais dos quais dependem.*

PROCEDIMENTOS

- Montar um modelo que demonstre o metabolismo de sua cidade, ou seja, o que entra e o que sai dela.
- Exemplo do que entra: água, energia elétrica, alimentos, combustíveis, plásticos, madeiras, vários tipos de papéis, metais e vidros, areia, cimento, asfalto e outros.
- Exemplo do que sai: calor, esgoto doméstico, esgoto industrial e hospitalar, ruídos, gases poluentes (óxido de enxofre e monóxido de carbono) e gases que causam efeito estufa (gás carbônico) dos carros e das indústrias, e metano dos resíduos sólidos (lixo).
- A cidade também produz ciência e tecnologia, serviços e oferece oportunidades de educação e entretenimento.

SUGESTÃO DO MODELO

- Construir uma pequena maquete (1 m x 1 m) simbolizando sua cidade.
- O material da maquete pode ser argila, massa de jornal, gesso, isopor, caixinhas de remédios, plásticos, metais ou qualquer outro tipo de sucata.
- Representar área residencial, prédios públicos, rios, cemitério, setor de indústrias, área rural, estradas, áreas de preservação, áreas de lazer, área do aterro sanitário e outras que completem a sua cidade.

* Para maiores detalhes sobre as características dos ecossistemas urbanos, consultar os anexos.

- A seguir, construir setas em cartolinas coloridas, escrevendo com letras grandes o que entra e o que sai desse ecossistema urbano. As várias setas deverão ser colocadas de forma bem visível, sobre a maquete.

DISCUSSÃO

A ideia central é mostrar que, como seres urbanos, contribuímos diretamente para aumentar a pressão de demanda sobre os recursos naturais, a partir dos nossos hábitos de consumo.

O que consumimos na cidade – alimentos, combustíveis, roupas, água, papéis, metais e matérias-primas, por exemplo –, vem de áreas distantes. Quando consumimos água ou tomamos um copo de leite, estamos retirando recursos de um ambiente distante daquele em que vivemos. Os ecossistemas urbanos são assim.

Um outro aspecto é analisar a qualidade da própria cidade. Observar os seus pontos negativos e positivos. Notar falhas no seu planejamento. Identificar alternativas de soluções. Nesse ponto, é interessante estimular a turma a construir uma outra maquete: a maquete da cidade sustentável.

Essa cidade tem um zoneamento definido, ou seja, tem áreas destinadas ao comércio, à habitação, às indústrias, ao lazer e à proteção ambiental.

O rio que passa na cidade tem águas puras. As pessoas podem nadar, pescar, andar de barco. As indústrias utilizam as águas mas não as poluem, pois possuem sistema de tratamento adequado para elas. Os esgotos domésticos são tratados antes de ser lançados no rio. Há compostagem (transformação de restos orgânicos em adubo) e coleta seletiva.

Há uma área rural, um cinturão verde de produção agrícola. Há áreas de reflorestamento e pastagens, bem como áreas de proteção dos mananciais hídricos. Usam-se energias de fontes complementares, como se pode deduzir diante da presença de painéis fotovoltaicos (energia solar) nos telhados e de várias turbinas eólicas (energia dos ventos).

Enfim, uma cidade planejada, sustentável ecológica, econômica, política, social, cultural e eticamente. Uma cidade evoluída, inclusive (e principalmente) espiritualmente.

Foto 1 – Maquete da cidade sustentável (feita por alun@s do Centro de Ensino Fundamental 4 de Brasília, sob a orientação da professora Cristina Torres Tavares)

ATIVIDADE 2
EXISTE FAUNA URBANA?

CONTEXTUALIZAÇÃO

Ao contrário do que possa parecer, nas cidades existem muitos animais. Eles convivem conosco em nossas casas, na escola, nas ruas e jardins.

Alguns são grandes, como os cavalos e os cachorros. Outros são pequenos, como as formigas e as moscas.

Na verdade, além dos pombos, pardais, cupins, lagartixas, sapos e aranhas, convive-se com uma infinidade de outros seres, nas cidades.

Cada um desses seres tem uma história evolutiva e uma forma de vida particular. Muitos deles estão na Terra há milhões de anos, antes da presença dos animais humanos.

NOTE BEM:

- O ser humano é um animal (mamífero).
- O que nos diferencia dos demais animais é a nossa capacidade intelectual. Por meio da inteligência desenvolvemos a cultura, ou seja, as artes, as ciências e a tecnologia, a ética, a política, as religiões etc.

- As nossas necessidades *biológicas*, porém, são as mesmas dos demais animais, ou seja, alimento, abrigo, reprodução e repouso. Precisamos de água potável, ar puro, alimentos saudáveis e segurança.

Foto 2 – *Animais encontrados nas cidades (cães, papagaio, cavalo)*

PROCEDIMENTOS

- Utilizar o quadro de giz ou uma folha grande de papel cartaz.
- Pedir que se faça uma lista dos nomes dos bichos que existem na cidade. Os nomes devem ser escritos em letras grandes. Exemplos: pulga, gato, cachorro, cavalo, passarinho, formiga, pernilongo, sapo, aranha etc.

DISCUSSÃO

Observe que @s alun@s* levam um certo tempo para incluir o animal HUMANO, na listagem. Em alguns casos, nem mesmo o incluem.

A educação tendeu a considerar o ser humano como algo superior aos outros animais, a "cópia de Deus". O resto é "figuração"; logo, pode ser escravizado, enjaulado, queimado, morto a pauladas ou a tiros, exterminado com armadilhas e venenos.

* Depois da *Conferência da ONU sobre a Mulher*, em Beijing, China, 1995, o símbolo arroba (@) ficou convencionado para designar o masculino e o feminino ao mesmo tempo, para evitar as questões de gênero (exclusão). Neste trabalho, a convenção será usada eventualmente.

Essa ideia, normalmente reforçada por crenças religiosas, terminou justificando a destruição que a espécie humana impôs aos outros animais e aos ecossistemas.

Há uma necessidade imperiosa de se rever esses conceitos, se se pretende estabelecer relações mais harmônicas entre as pessoas e as demais espécies que compõem o elenco dos seres vivos que executam o teatro evolucionário da vida sobre a Terra.

ATIVIDADES COMPLEMENTARES

ANIMAIS ESCOLHIDOS

Grupos de alun@s escolhem alguns animais e vão pesquisar para encontrar respostas para as seguintes questões:

- Onde vivem na cidade?
- O que comem?
- Quais são os seus inimigos naturais?
- Qual a sua função?
- Qual é seu tempo médio de vida (comparar com o tempo de vida das pessoas).

ATIVIDADE 3
O PÃO E OUTROS SERES VIVOS

CONTEXTUALIZAÇÃO

Com frequência nos dizem que somos *indivíduos*. Mas será que isso é verdade? Podemos ser indivíduos quando apresentamos nossa carteira de identidade, o nosso número de CPF (cadastro de pessoas físicas).

Não somos indivíduos quando analisamos a teia da vida. No corpo humano habitam milhares de outros indivíduos: fungos, vírus, bactérias, vermes e outros. Na verdade, somos uma colônia, nunca estamos sós!

Vivemos em uma grande comunidade de seres vivos. Interagimos com eles e juntos estamos nessa escalada evolucionária. Somos companheiros de jornada.

É necessário reconhecer, compreender e valorizar essas existências diversificadas que nos fazem companhia. São pequenos seres que têm a sua forma de viver, o seu jeito, a sua caminhada evolutiva na Terra. Estão aqui por alguma razão, desempenhando algum papel. Sobreviveram durante milhares e, alguns, durante milhões de anos.

PROCEDIMENTOS

- Deixar um pedaço de pão sobre um armário. Observá-lo de dois em dois dias.
- Anotar as alterações em sua superfície, durante um mês.
- Observar o aparecimento de manchas esverdeadas, brancas ou marrons (fungos).

DISCUSSÃO

O desenvolvimento de uma população de fungos sobre o pão é um exemplo da rica diversidade de seres vivos que dividem o ambiente urbano conosco.

Dividimos o espaço com milhares de outros seres vivos. Compartilhamos o mesmo ar atmosférico, o mesmo solo e o mesmo *tempo*, na Terra.

Os fungos e as bactérias estão presentes em nosso corpo, em nossos alimentos e no ar atmosférico. Representam uma importante e especial forma de vida, que desempenha funções diversificadas (decomposição, fermentação e outras). Não são animais, pertencem a reinos específicos.

A maior parte do processo educativo visa tornar as pessoas mais competitivas, egoístas e antropocêntricas (o ser humano sendo o centro de tudo). Com isso, podemos perder o senso de pertinência, a percepção de que fazemos parte de uma grande teia de interações que mantém a vida na Terra.

Assim, aprisionamos aves, matamos lagartixas e o que mais aparecer pela frente. Alimentamos a ingênua ideia de que somos os mais importantes dos seres viventes e não percebemos que dependemos até mesmo de fungos, bactérias e vermes.

Essa atividade é um apelo e um chamamento para a prática das virtudes, da paciência requerida na observação, da humildade e do respeito, e, principalmente, da gratidão.

ATIVIDADE 4

A FLORA URBANA

CONTEXTUALIZAÇÃO

Foto 3 – Flora urbana nos extremos do país: Ibirubá (RS) e Pedrinhas (SE)

As plantas existem na Terra há mais de 450 milhões de anos. Muitas delas convivem conosco nas cidades.

São árvores frutíferas e ornamentais, arbustos, gramíneas e uma infinidade de outras plantas, dispersas no ambiente urbano, desde uma fenda na calçada até um luxuoso vaso sobre a mesa.

O ser humano parece sentir-se bem com plantas por perto. Elas trazem consigo a presença do mundo natural, com suas cores, aromas, formas e estética.

Além disso, as árvores contribuem para a diminuição dos ruídos e da poluição atmosférica, ajudam a umidificar o ar, abrigam aves e produzem sombras, reduzindo a temperatura.

PROCEDIMENTOS

Nos mesmos moldes da atividade da fauna, organizar uma lista da flora urbana. Incluir as plantas cultivadas em vasos, nos jardins, nas calçadas, parques e quintais. Considerar as plantas ornamentais, alimentícias e nativas. Identificar o país de origem das plantas ornamentais e alimentícias.

DISCUSSÃO

A diversidade de plantas, no ambiente dito civilizado, é surpreendente. Em um simples canteiro ou em uma área ainda não urbanizada podem ser encontradas dezenas de espécies.

Essa diversidade de plantas reforça a ideia de que, na cidade, temos muita vida natural. Apesar do concreto, do cimento, dos carros, a vida está presente, pujante, mais forte do que tudo.

Muitas vezes, encontramos pequenas plantas sobrevivendo em rachaduras ou cantos das paredes, entre pedras, numa fenda no calçamento e em diversos outros locais difíceis de sobreviver. No entanto, elas ainda lá permanecem. Há um importante recado nisso: resistência, persistência, obstinação, determinação e competência. Demonstram a exuberância e força da vida na Terra.

ATIVIDADE 5
O COMPORTAMENTO DA ÁRVORE

CONTEXTUALIZAÇÃO

Quando se quer ressaltar que uma pessoa leva uma vida sem graça, diz-se: "Fulano não vive, vegeta". Ou seja, o vegetal não vive!

Esse equívoco vem se mantendo por séculos, contribuindo para formalizar uma percepção errônea das plantas. Imagina-se que elas sejam seres inferiores, que possuam a mais baixa hierarquia na organização da vida.

PROCEDIMENTOS

- Escolher uma árvore próxima da sua sala de aula ou da escola e fazer um desenho dela ou uma fotografia, em cores.
- Daí a um mês, fazer outro desenho (ou foto) da mesma árvore, a partir do mesmo ângulo.
- Repetir a tarefa durante os meses em que estiver na escola. Designar grupos para executar essa tarefa, no período de férias.

• Observar as modificações ocorridas na árvore ao completar o ciclo de um ano e interpretar o seu comportamento.

Foto 4 – Comportamento de uma árvore no decorrer das estações do ano: primavera, verão, outono e inverno

DISCUSSÃO

As plantas são seres vivos como nós. Nascem, respiram, alimentam-se, movimentam-se, lutam pela sobrevivência, se reproduzem, envelhecem e morrem. Têm uma grande experiência evolutiva de sobrevivência na Terra.

Observá-las pacientemente pode ser uma experiência gratificante, repleta de surpreendentes revelações.

A atividade desenvolvida pel@s alun@s permite demonstrar, visualmente, a intensa dinâmica das árvores. Elas nunca estão paradas. Interagem continuamente com diversos fatores ambientais, como a chuva, o vento, o frio, o calor e a presença de insetos ou pequenos animais. Respondem a esses agentes modificando os seus compostos químicos, mudando a cor das folhas ou soltando-as ao vento, produzindo flores ou alterando a textura de sua casca.

Assim, pode-se dizer muitas coisas a respeito das árvores, exceto que elas são inativas, paradas.

ATIVIDADE 6
SENTINDO A TERRA

CONTEXTUALIZAÇÃO

Nas cidades, a maioria das pessoas vive apressada. Passa grande parte do tempo ocupada com coisas urgentes. E, muitas vezes, esquece o fundamental: quase sempre, sua correria é para ganhar dinheiro e comprar coisas que em breve se tornarão ultrapassadas e irão parar no lixo ou entulhar quartos.

Esse estilo de vida pouco saudável resulta em estresse, insônia, insatisfação e em várias doenças, como as de origem nervosa e as do coração. Resulta também em afastamento do mundo natural.

Muitas vezes não prestamos atenção aos diversos fenômenos naturais que acontecem nas cidades e embelezam a vida.

O amanhecer, o entardecer, o luar, a chuva, o orvalho, os ventos, o arco-íris, a trovoada e os relâmpagos são alguns exemplos.

Observar tais fenômenos estimula a sensibilidade e alimenta o espírito. Mesmo vivendo em cidades, a natureza está presente, em vários detalhes, e se revela em sua pureza a quem tiver a sensibilidade para percebê-la.

Foto 5 – *Arco-íris, chuva, entardecer, neblina*

PROCEDIMENTOS

- Numa noite sem luar, sem muitas nuvens, escolher um local, longe da iluminação artificial (um pequeno pátio, por exemplo) e, em grupo, deitar-se no chão, de costas, observando calmamente o céu.
- Deixar a mente se acalmar, respirando profunda e lentamente.
- Começar a distinguir os pontos luminosos mais intensos e com luzes fixas (planetas). Procurar identificar o planeta Vênus (o ponto maior e mais brilhante, conhecido como Estrela Dalva), o Cruzeiro do Sul, as Três Marias e a Via Láctea (uma gigantesca faixa esbranquiçada).

- Os pontos brilhantes que chamamos de estrelas, são, na verdade, astros como o nosso Sol, que, porém, gravitam muito longe da Terra. Refletir que cada estrela é um Sol. Cada Sol pode ter planetas orbitando a sua volta. Apesar de tantos planetas, só a Terra nos serve. Só a ela estamos adaptados. É o nosso lar cósmico.
- Muitos outros planetas podem abrigar a vida. Entretanto, até agora não temos evidências objetivas de contatos com os seres que talvez os habitem (quem sabe breve isso aconteça).
- Em seguida, sentir o contato das costas com a superfície da Terra. Sentir a sua força de atração, o seu calor e o seu movimento no espaço. Fechar os olhos e sentir esses movimentos. Perceber que se faz parte de um todo universal.

DISCUSSÃO

Estamos tão acostumados à Terra que raramente fazemos esse tipo de reflexão. Vivemos na superfície de uma grande esfera, cujo centro ainda arde em chamas (podemos sentir esse calor).

Essa grande esfera viaja no espaço gelado, cujo frio é amenizado pelo calor do Sol. Combinando diversos movimentos, nosso planeta se desloca a uma velocidade estimada em 160 mil km/h!

A Terra se movimenta em torno de seu próprio eixo, em torno do Sol e, ao mesmo tempo, acompanha os movimentos de expansão de nossa galáxia pelo espaço adentro. Estamos todos, na verdade, a bordo de uma esfera cercada de gases, em uma viagem cósmica, a uma velocidade alucinante.

Fazemos parte dessa misteriosa dança universal, cuja música é regida por comandos que ainda não compreendemos totalmente.

ATIVIDADE 7
OBSERVANDO FENÔMENOS NATURAIS

CONTEXTUALIZAÇÃO

Jean Piaget conta que certa vez um professor de Física advertiu um aluno que, distraindo-se durante a aula, fixava o olhar no céu, contemplando algo. Sentindo-se ofendido por não ter a atenção daquele pupilo, o professor dirigiu-lhe uma dura reprimenda. Deveria o garoto voltar imediatamente o olhar para a aula, cujo assunto era *ótica*. O aluno estava observando um belo arco-íris!

Que bela oportunidade aquele professor perdeu... Muitas vezes a insistente perseguição aos conteúdos cega os profissionais da Educação, subtraindo d@s alun@s momentos únicos de observação e vivência prática.

PROCEDIMENTOS

- Quando ocorrerem fenômenos naturais como chuva, aparecimento de um arco-íris, queda de granizo, formação de neblina, ventos fortes, redemoinhos, trovoadas, relâmpagos ou quaisquer outros, interrompa a atividade que estiver executando e volte a atenção para aqueles fenômenos.

- Observe o máximo que puder. Em seguida, promova uma discussão sobre o tema, incluindo questões como:
  – Por que ocorrem tais fenômenos?
  – Quais as suas funções?
  – Quais as consequências positivas e negativas do fenômeno observado?
- Fazer registro fotográfico de uma mesma área sob diferentes condições ambientais (no exemplo a seguir, a presença da água).

ARQUIVO DO AUTOR

Foto 6A – O riacho do Siri, no inverno (Boquim, SE)   Foto 6B – O riacho do Siri, no verão (Boquim, SE)

DISCUSSÕES

A tônica é aproveitar o momento. Aproveitar o instante em que a natureza expressa seus movimentos, suas forças, exibindo suas cores.

Caso não surjam respostas para todas as perguntas sugeridas, buscá-las depois. A ideia é estimular a apreciação, inclusive estética, dos fenômenos naturais. Isso amplia a percepção e estimula a sensibilidade das pessoas.

O processo educativo é eminentemente prático. Não se pode alcançar a plenitude da consciência analítica e crítica apenas com teorias. O fazer, o observar, o sentir são essenciais.

ATIVIDADE 8
MEDINDO PARÂMETROS AMBIENTAIS

A velocidade dos ventos, a umidade relativa do ar, as temperaturas (mínima e máxima) e o volume de chuvas são alguns dos parâmetros que permitem examinar as variações ambientais locais, auxiliando-nos a compreender as causas dessas variações.

É importante estimular a medição desses parâmetros ambientais e promover o tratamento dos dados, por meio de tabelas e/ou gráficos.

PROCEDIMENTOS

- Construir um pluviômetro para medir o volume das chuvas locais. O pluviômetro mede a quantidade de chuva, em milímetros.
- As medidas devem ser tomadas diariamente, durante o ano letivo, e organizadas em tabelas. Esses dados serão posteriormente representados em gráficos anuais.

- É imprescindível que as medidas sejam anotadas durante vários anos seguidos. Essa atividade deve se tornar contínua, prevista e incorporada ao cotidiano escolar.

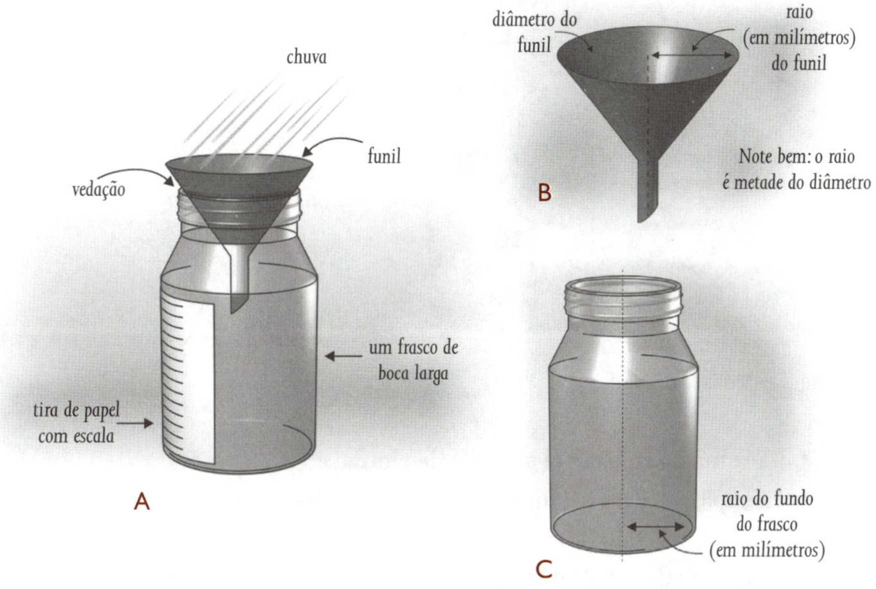

Figura 1 – Pluviômetro

MATERIAL NECESSÁRIO

- uma garrafa transparente e incolor (vidro ou plástico) de 1.000 ml (um litro);
- um funil (o raio da boca do funil tem de ser maior que o do fundo da garrafa).

COMO FAZER

- medir o raio da boca do funil;
- medir o raio do fundo do frasco;
- em seguida, utilizar a fórmula:

$$h = \text{Raio do funil}^2 \,/\, \text{Raio do fundo do frasco}^2$$

- O valor h encontrado indicará a escala utilizada na tira de papel a ser colada do lado de fora do frasco.

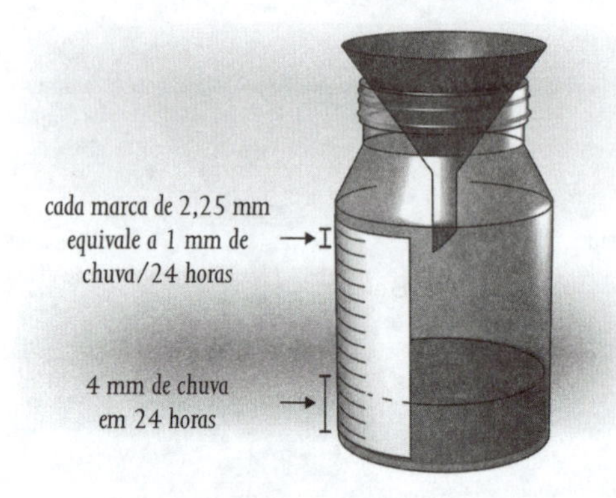

Figura 2 – Medindo a chuva

- Cada marca equivalerá a 1 mm de chuva.
- Exemplo: Raio do funil = 60 mm (6 cm)
  Raio do frasco = 40 mm (4 cm)
- $h = 60^2/40^2 = 3.600/1.600 = 2{,}25$ mm
- Logo, cada marca na tira de papel deverá ser espaçada por 2,25 mm, assim:
- Cada marca representará 1 mm de chuva. No exemplo acima, teríamos então 4 mm de chuva naquele dia.

IMPORTANTE:

No Brasil, temos uma média de 1.880 mm de chuva por ano. Nos desertos, cerca de 250-500 mm/ano; na Amazônia, em torno de 2.500 mm/ano, e nos cerrados, 1.500 mm/ano. Para saber as médias diárias, é só dividir esses valores por 360.

Toda escola deveria ter equipamentos (uma miniestação meteorológica) capaz de fornecer informações sobre a umidade relativa do ar, a velocidade e direção dos ventos, as temperaturas mínimas e máximas, a quantidade de chuvas e outros.

Alun@s e professor@s teriam acesso a tais informações para interpretar o que ocorre e/ou poderá ocorrer na sua região.

Esses dados permitem responder questões como: "Em que mês choveu mais? Quanto choveu? Quando houve a maior estiagem?" Além disso, estimulam as pessoas a refletir sobre as causas dessas mudanças.

Associar tais dados às formas de relacionamento da sociedade regional com os recursos naturais (desflorestamento, erosão, assoreamento dos rios e lagos, queimadas e outros). Indagar o que deve ser modificado nesse relacionamento, que alternativas podem ser implementadas para melhorá-lo.

ATIVIDADE 9
VIDA URBANA OU VIDA RURAL?

CONTEXTUALIZAÇÃO

O Brasil é um país urbano e litorâneo. Cerca de 85% da população é urbana. A maior parte vive em uma faixa de 100 km de largura, contados a partir do litoral, com alto adensamento populacional, destruição de florestas e muita poluição.

Essa concentração nas cidades ocorre porque as pessoas de baixa renda são praticamente expulsas das áreas rurais, por condições adversas de saúde, educação e renda esquecidas por sucessivos governos.

A alta mecanização das lavouras contribui para a migração ao eliminar muitos postos de trabalho. As pessoas então se deslocam para os centros urbanos, afastando-se de suas famílias, dos amigos e de sua cultura. Quase sempre, acabam engrossando as fileiras dos desempregados e favelados. Tornam-se excluídos sociais, enfrentando a discriminação, a miséria, a fome, a violência e a desagregação familiar.

PROCEDIMENTOS

- Comparar a qualidade de vida nesses nos ambientes rural e urbano. Para tanto, deverão ser formados cinco grupos.
- O grupo 1 fará uma lista das vantagens de morar nas cidades; o grupo 2 listará as vantagens de morar nas áreas rurais; o grupo 3, as desvantagens de morar nas cidades; o grupo 4, as desvantagens de morar nas áreas rurais; o grupo 5 será o júri que irá determinar, diante do exposto, qual ambiente proporciona melhor qualidade de vida.
- Considerar:
  - – qualidade do ar atmosférico;
  - – a qualidade e disponibilidade da água;
  - – a qualidade da alimentação;
  - – os preços da alimentação e dos serviços;
  - – os meios de transporte;
  - – os níveis de ruído;
  - – a densidade da população;
  - – o acesso à educação;
  - – o acesso à saúde;
  - – o acesso ao lazer;
  - – o acesso à informação (rádio, tevê, internet);
  - – as tradições, as amizades e a família;
  - – os espaços livres;
  - – o trânsito;
  - – a segurança e o sossego;
  - – a ansiedade e o medo;
  - – o estresse.
- Em seguida, simular um julgamento, propondo a discussão de questões como: "Que ambiente oferece a melhor qualidade de vida: a cidade ou a área rural? Onde você preferiria morar? Por quê?"

DISCUSSÃO

A zona rural ou a "roça" normalmente é apresentada de forma preconceituosa. Os "matutos" ou "caipiras" são, com frequência, representados de forma burlesca, caricatural. Os valores rurais quase nunca são destacados. A calma, a solidariedade, a poesia da simplicidade, os costumes e formas de organização quase não aparecem na mídia.

As pessoas não migrariam da área rural se tivessem condições satisfatórias de qualidade de vida onde moram. O exemplo disso é a baixa taxa de migração verificada em áreas rurais onde não há latifúndios e existe oferta de serviços eficientes de eletrificação rural, telefonia, transportes, saúde, educação e trabalho (com a consequente geração de renda).

De qualquer forma, há vantagens e desvantagens em ambos os ambientes. O interessante é acentuar a necessidade de se desenvolver melhorias na qualidade de vida em ambos os ambientes.

Para isso, as alternativas identificadas para a solução desses problemas devem ficar claras. Assim, estaremos ajudando a construir o quadro de reflexões e percepções d@s alun@s sobre suas realidades e sobre as mudanças que se faz necessário introduzir nelas para que uma qualidade de vida elevada seja alcançada.

ATIVIDADE 10
AVALIANDO OS SERVIÇOS ESSENCIAIS DE NOSSA CIDADE

CONTEXTUALIZAÇÃO

Toda cidade, grande ou pequena, para garantir o bem-estar de seus habitantes, deve oferecer no mínimo os seguintes serviços essenciais:

- Água tratada (com cloro).
- Rede de esgotos e tratamento dos esgotos antes de seu despejo nos rios, lagos, mar etc.
- Saúde: serviço médico de urgência (pronto-socorro), maternidade, postos de saúde (vacinação, pré-natal, atendimento aos idosos etc.).
- Proteção: polícia, bombeiros e defesa civil (proteção contra calamidades).
- Cultura: escolas, biblioteca pública, museu, auditório público, teatro.
- Lazer e esportes: parques, praças arborizadas, quadras esportivas.
- Gestão ambiental: proteção ambiental (licenciamento de obras, leis, fiscalização, educação ambiental etc.).

Foto 7 – *Estação de Tratamento de Esgoto, Barueri (SP)*

PROCEDIMENTOS

Foto 8 – *Serviços urbanos: correios, posto de saúde, museu, transporte urbano*

- Fazer uma lista dos serviços públicos que se julguem necessários para o bem-estar da população de sua cidade. Em seguida, atribuir uma nota (de zero a dez) a cada serviço essencial identificado (os serviços inexistentes no município receberão a nota zero).
- Tirar a média das notas dos serviços. Preparar um "Relatório de Estudos Ambientais" com os resultados e encaminhá-lo às autoridades e à imprensa local e regional. Os alunos podem assinar o relatório.

Veja um exemplo desse relatório e seu encaminhamento:

Ilmo.(a) Sr.(Sra.) Prefeito(a)/Ilmo.(a) Sr.(Sra.) Vereador(a)

Dentro de nosso processo de Educação Ambiental desenvolvemos diversas atividades, visando ampliar a percepção dos(as) alunos(as) quanto a sua qualidade de vida e estimular o exercício de cidadania, promovendo ações em prol da manutenção e melhoria dessas condições.

Estamos encaminhando a V.S. os resultados de um trabalho efetuado pelos nossos alunos sobre a qualidade de vida em nossa cidade, ao avaliarmos nossos serviços essenciais.

Foram atribuídas a esses serviços notas de 0 a 10, e obtivemos:

Água tratada 7
Rede de esgotos 4
Tratamento dos esgotos 0

Saúde:
Serviço médico de urgência .... 0 (não tem)
Maternidade 6
Postos de saúde 8

Proteção:
Polícia 8
Bombeiros .... 0 (não tem)
Defesa Civil .... 0 (não tem)

Educação:
Escolas e seus equipamentos
Laboratórios .... 0 (não tem)
Equipamento esportivo 4
Equipamento musical 4
Salas e instalações sanitárias 6
Biblioteca 2

Cultura:
Biblioteca pública .... 0 (não tem)
Museu .... 0 (não tem)
Auditório público 3
Teatro .... 0 (não tem)

Lazer e Esportes:
Parques .... 0 (não tem)
Praças arborizadas 7
Quadras esportivas 4
Estádio ou campos para futebol 7

Gestão Ambiental:

Proteção ambiental 1

Fiscalização ambiental 1

Educação ambiental 4

Respeito às leis ambientais .... 0 (não tem)

Plano Diretor (planejamento) 2

Esperamos que receba os resultados desse estudo não como uma crítica, mas como uma contribuição sincera e efetiva, gerada pela percepção de nossos estudantes, para a nomeação das prioridades de nosso município, na elaboração de políticas públicas, e para o sucesso da sua administração.

Atenciosamente

DISCUSSÃO

É preciso que o dinheiro público seja bem empregado por nossos administradores públicos (governadores, prefeitos, vereadores, diretores, chefes, gerentes).

Porém, cabe à comunidade acompanhar sua gestão, exigindo que esses recursos sejam bem aplicados, em obras do interesse de todas as pessoas.

Essa atividade é um exercício estimulante de cidadania, pois busca analisar a situação geral do local onde se vive, examinando os serviços que precisam ser estabelecidos ou melhorados e que contribuem para a qualidade de vida da comunidade.

Além disso, ajuda a esclarecer a importância e a necessidade dos serviços essenciais de uma cidade e a perceber que o pleno funcionamento desses serviços é um dever do poder público e um direito das pessoas.

ATIVIDADE 11
PERCEBENDO DO ALTO

CONTEXTUALIZAÇÃO

Sobrevoando uma cidade a bordo de um avião, observam-se imagens deslumbrantes e inesperadas. Dessa perspectiva, nossa visão registra, de uma só vez, em um só conjunto, imagens de locais que costumamos ver em separado. Podemos então perceber várias áreas interligadas: as ruas, praças, parques, estradas, rios. A cidade parece ter vida própria, lembrando um corpo em expansão.

Infelizmente, nem todas as pessoas têm a oportunidade de voar sobre uma cidade. Mas podemos substituir, pelo menos em parte, essa possibilidade de visão do todo e o sentimento que ela desperta utilizando-nos de fotografias aéreas.

As fotografias aéreas são importantes em várias áreas profissionais. Dentre elas, destacamos as áreas de estudos ambientais e de planejamento urbano.

É importante conhecer os mapas e as fotos aéreas de nossa cidade. Assim, estaremos informados, entre outras coisas, das áreas naturais que precisam ser preservadas.

Foto 9 – *Vista aérea da cidade do Rio de Janeiro (RJ)*

PROCEDIMENTOS

- Conseguir uma imagem aérea de sua cidade ou de seu bairro (normalmente as prefeituras dispõem desse material). O ideal seria fazer uma ampliação da cópia para o tamanho de mapas.
- Fazer um exame minucioso da fotografia, identificando as ruas conhecidas, os rios, as praças, os diferentes setores da cidade.
- Observar se a cidade segue algum planejamento, ou seja, se existem setores para cada atividade. Exemplo: áreas destinadas à atividade industrial, a residências, ao lazer, aos esportes, ao comércio e outros.

- Identificar onde estão as florestas (se ainda restam) ou áreas de interesse especial de preservação (beleza de paisagens, nascentes, locais históricos).
- Identificar a tendência de crescimento da cidade, isto é, se é possível perceber para onde a cidade está se "espalhando". Verificar as vantagens e desvantagens da expansão naquela direção. Identificar medidas que precisam ser tomadas para corrigir problemas.

DISCUSSÃO

As cidades precisam de um planejamento de expansão, ou seja, de um estudo que indique para onde podem crescer. Esse planejamento evita a ocupação de áreas importantes para a qualidade de vida de todos, no futuro.

Áreas que contêm nascentes e florestas, ou lugares históricos e de grande beleza cênica (paisagens), por exemplo, precisam ser preservadas. Logo, não devem estar entre as áreas de expansão.

Ao fazer o exame minucioso da fotografia, identificando as ruas conhecidas, os rios, as praças e os diferentes setores da cidade, pode-se localizar o núcleo histórico de onde a cidade surgiu. Prédios, templos, escolas, árvores e monumentos antigos guardam a memória de um povo. Guardam elementos de sua identidade cultural, de suas raízes, que devem ser conservadas.

Ao observar se a cidade segue algum planejamento, buscamos saber se ela está sendo bem administrada pelos gestores públicos, se estes têm visão de futuro.

ATIVIDADE 12
A MAQUETE DAS INSTALAÇÕES DA ESCOLA REAL E DA ESCOLA IDEAL

CONTEXTUALIZAÇÃO

As pessoas passam boa parte do tempo de suas vidas nas escolas. Durante esse período, elas precisam dispor de condições adequadas para o desenvolvimento de suas tarefas dentro do processo educativo: ambiente arejado, boa iluminação, instalações sanitárias adequadas, áreas de lazer e esportes, bibliotecas, laboratórios, auditórios para eventos e outros.

Infelizmente, porém, essa não é a situação das instalações da maioria das escolas, principalmente no que se refere às escolas públicas.

Essa atividade vai estimular a percepção das reais condições de seu ambiente escolar: o que está bom e pode melhorar, o que está ruim e precisa ser mudado.

Assim, você poderá analisar e compreender as causas que levam à degradação do ambiente escolar.

- Fazer um "mapa aéreo" da escola, ou seja, fazer um desenho, em folha grande (cartolina ou qualquer outro papel), representando a planta baixa da escola. Essa será uma tarefa que vai envolver a turma toda, e deve contar com a participação de professores de diferentes áreas: geografia, matemática, artes e outros.

  Eis um exemplo de "mapa".

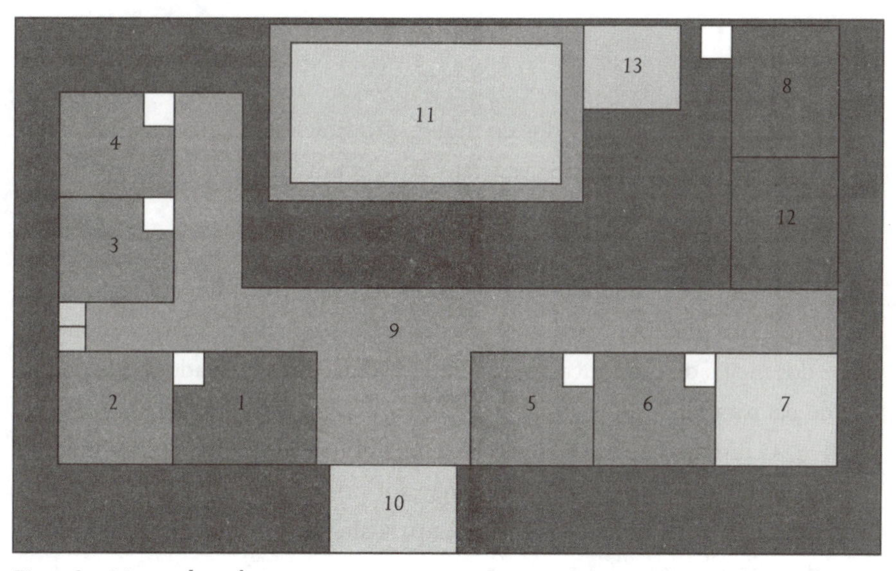

Figura 3 – Maquete da escola

Legenda:
1. Diretoria da escola
2. Anexo
3. Almoxarifado
4. Sala de aula
5. Sala de aula
6. Sala de aula
7. Laboratório
8. Biblioteca
9. Área de circulação
10. Entrada
11. Área de esportes
12. Auditório
13. Vestiário
□ Banheiros

- Apresente o máximo de detalhes possível, principalmente se a sua escola for pequena.
- Em seguida, baseando-se nesse mapa, construir a maquete da escola (adote uma escala adequada). Usar argila, gesso, papelão e/ou reutilizar materiais diversos (caixinhas de remédio, embalagens plásticas, vidros, latinhas etc.).
- Ao lado da maquete deve ser colocada uma legenda explicando os detalhes da situação real das instalações da escola. Exemplo: situação das quadras

esportivas, dos banheiros; da iluminação natural e artificial; das salas de aula (carteiras, quadro de giz, pintura etc.); das áreas de lazer e outros. Para tanto, obviamente será necessário observar esse quadro geral antes.

- O passo seguinte será construir uma outra maquete. Desta vez, a maquete será a da escola ideal. Ou seja, uma vez identificados os problemas atuais, reunir as opiniões sobre como deveria ser a escola ideal.

DISCUSSÃO

Os países mais desenvolvidos do mundo são aqueles que mais investiram em educação. Não há mistério nesse fato. Povo educado, país com boa qualidade de vida; povo ignorante, país miserável.

Povo analfabeto, sem consciência política, significa campo fértil para o surgimento de políticos corruptos, que vão se alimentar da ignorância desse povo. Esses políticos corruptos, por sua vez, assumem a direção da economia e dos meios de comunicação, montando verdadeiros "reinados" que passam de pai para filho.

O discurso de que a educação é uma prioridade é uma grande mentira. Em nosso país, a educação ainda não foi prioridade de nenhum governo. Todos eles se mostraram ineficientes para alterar o quadro de abandono da educação pública.

O sucateamento das escolas públicas e os salários indignos pagos aos professores são uma prova disso.

Entretanto, os gastos com a educação são os investimentos mais importantes para um país.

GASTOS COM EDUCAÇÃO	
PAÍS	% PIB*
Japão	25
Tailândia	22
Coreia do Sul	21
México	18
Rússia	11
Brasil	5

* *Produto Interno Bruto, a soma de todo o dinheiro apurado no país, em um ano.*

Não podemos dizer que o Brasil investe pouco em educação. Os recursos até são satisfatórios. Porém, a corrupção impede que eles cheguem a seu destino final.

Quando o dinheiro público é aplicado com honestidade e competência, os resultados aparecem.

Em Joinville, Santa Catarina, temos um belo exemplo disso: a Escola Municipal Professora Zulma do Rosário Miranda, vencedora de vários prêmios socioambientais, desenvolve um criativo projeto de educação ambiental (chamado Jovens Protagonistas) em meio a um bem cuidado ambiente escolar.

ARQUIVO DO AUTOR

Foto 10A – Elizete Maria de Sousa da Rosa (diretora), Profa. Marilaine Rocha Elling (coordenadora do projeto) e o autor (ao centro) na Escola Municipal Professora Zulma do Rosário Miranda (SC)

ARQUIVO DO AUTOR

Foto 10B – Placa da escola

ARQUIVO DO AUTOR

Foto 10C – Lateral, árvores, gramado da escola

ARQUIVO DO AUTOR

Foto 10D – Lateral, pedras, jardim da escola

ATIVIDADE 13

A PIZZA DO ORÇAMENTO
DO MUNICÍPIO

CONTEXTUALIZAÇÃO

O dinheiro público tem de ser aplicado para melhorar a qualidade de vida das pessoas.

Deve ser bem distribuído entre educação, saúde, segurança, transporte, saneamento, preservação ambiental, lazer, esportes e outros.

Essa distribuição deve ser feita por meio do orçamento participativo, ou seja, as pessoas da comunidade precisam ser ouvidas sobre a melhor forma de atender às prioridades da sua cidade.

Na maioria dos municípios brasileiros, o orçamento é um assunto misterioso, discutido apenas por meia dúzia de pessoas que termina decidindo o que fazer com o dinheiro público.

É imprescindível mudar esse comportamento de povo subdesenvolvido, substituindo-o por uma prática mais participativa, democrática e justa.

- Dirigir-se à prefeitura e solicitar uma cópia do resumo do orçamento municipal.
- Qualquer cidadão(ã) tem o direito constitucional de ter acesso a essas informações. O que se pretende é apenas conhecer a porcentagem do orçamento e o montante de dinheiro a ser aplicado anualmente em:
  – pagamento de pessoal;
  – saúde;
  – educação;
  – segurança;
  – lazer;
  – proteção ambiental;
  – obras;
  – limpeza pública;
  – outros.
- Algumas prefeituras podem demorar a fornecer tais dados, mas deve-se insistir em obtê-los. Convém que o pedido seja formulado por estudantes (para evitar perseguições políticas aos professores(as) ou até mesmo à escola).
- Na escola, com a ajuda d@s professor@s de Matemática, esses dados devem ser colocados no formato de uma pizza cortada em fatias (um grande círculo, dividido em fatias que representam as porcentagens de cada componente do orçamento).
- Em seguida, conduzir a seguinte discussão:
  – os recursos estão bem distribuídos?
  – você concorda com a distribuição encontrada?
  – quais as modificações que você faria?
- Preparar o Relatório de Estudos Ambientais (vide Atividade 10), contendo as suas conclusões, críticas e sugestões, e encaminhá-lo às autoridades e à mídia local (tevê, rádios, jornais etc.).

DISCUSSÃO

O maior problema de muitos municípios brasileiros é a qualidade moral de seu prefeito e de seus vereadores. Muitas dessas autoridades são corruptas devido à fraqueza de caráter e à falta de formação ética. Por isso, não hesitam nem se envergonham de roubar o dinheiro do povo. A lentidão da justiça e a impunidade incentivam a continuidade dessa situação, em que recursos públicos são devorados.

Muitas cidades são comandadas por famílias que se instalam no poder e enriquecem à custa da ignorância e miséria do povo. Por meio de perseguições, implantam um clima de medo e dependência como forma de se manter no poder e continuar a sugar o dinheiro público.

Com frequência as pessoas sabem disso; porém, têm medo das retaliações, de perder o emprego ou outros favores que recebem direta ou indiretamente. Em alguns casos, o medo é da agressão física e até da morte.

Essa situação de ignorância e atraso precisa ser superada. Há que se desenvolver a consciência de cidadania. Vivemos em um país em que vigora o estado de direito. As leis estão aí, e precisamos aprender a usá-las em defesa de nossos direitos.

O conhecimento do orçamento municipal proporciona um grande avanço na compreensão da situação geral de uma comunidade. A análise e a crítica do orçamento, seguidas de sugestões a ele, constituem um poderoso instrumento para se entender a realidade político-administrativa de uma cidade.

Assim, as pessoas podem tomar consciência do que está errado na administração pública e do que é necessário fazer para corrigir esses erros. As falhas cometidas ficam expostas e as alternativas de solução tornam-se conhecidas. Forma-se, desse modo, uma consciência crítica acerca das ações cuja execução é realmente prioritária para a conquista do bem-estar da comunidade.

Essa atividade é interessante até quando a divulgação dos dados solicitados é negada, pois isso revela o caráter do governo municipal em exercício.

ATIVIDADE 14
A PALAVRA DO PROFISSIONAL

CONTEXTUALIZAÇÃO

As atividades da escola devem estar sempre em sintonia com a realidade da comunidade a que ela serve. A escola deve abordar o mundo do trabalho, apresentando aos alunos(as) diferentes profissões e esclarecendo suas características. O processo de Educação Ambiental deve demonstrar a relação que cada profissão estabelece com o meio ambiente.

Todas as profissões interagem com o meio ambiente. Algumas mais, outras menos intensamente.

Para serem exercidas, todas produzem pressões sobre os recursos naturais, de alguma forma: o mercúrio utilizado pelo dentista, a areia utilizada pelo pedreiro, a energia elétrica utilizada pelo serralheiro, a água utilizada pelo lavador de carros, são alguns exemplos dessas pressões. Os profissionais de todas as áreas devem estudar e propor medidas para reduzir essas pressões.

PROCEDIMENTOS

- Fazer uma lista de profissões;
- Convidar profissionais para visitar a escola e falar sobre suas atividades, destacando:
  - como aprenderam a profissão;
  - quais as dificuldades encontradas para aprendê-la e para exercê-la;
  - quais os riscos e compensações da profissão;
  - como sua profissão se relaciona com o ambiente;
  - que providências são tomadas para reduzir a pressão ambiental causada pelo desempenho dessa atividade.

Foto 11 – Profissionais em ação: professora, médica, garis e pintor de edifícios

- @s profissionais convidad@s devem ser de diferentes áreas e de formações diversificadas, ou seja, profissionais que aprenderam seus ofícios na escola ou fora dela.
- Assim, devem ser convidados tanto carpinteiros, pintores, pedreiros, mecânicos, eletricistas, mestres de obra, garis, agricultores e outros, cuja aprendizagem aconteceu, na maioria dos casos, por meio da prática, fora da escola, como os engenheiros, médicos, enfermeiras, geógrafos, biólogos, dentistas e outros, cuja formação ocorreu no meio acadêmico.

DISCUSSÃO

Além de proporcionar o conhecimento do cotidiano de diferentes profissões e de eventualmente despertar n@s educand@s o gosto por alguma delas, a atividade promove o conhecimento das inter-relações entre o trabalho e a qualidade ambiental.

Convém atentar que existem profissões cujas atividades, nas últimas décadas, passaram por muitos ajustes, para se tornarem menos prejudiciais ao ambiente. São exemplos a extração de madeira e a mineração. Em ambos os casos, essas atividades tiveram que evoluir nos seus processos de exploração, com o objetivo de reduzir os impactos ambientais negativos que provocavam (e que em alguns casos ainda provocam).

De forma geral, praticamente todas as profissões estão se ajustando evolutivamente para se tornarem menos impactantes.

Acentuar o surgimento de novas áreas profissionais ligadas à gestão ambiental, como: diplomacia ambiental, administração de passivos ambientais (redução de problemas ambientais nas empresas), legislação ambiental, tecnologias limpas, controle de poluição, educação ambiental, engenharia ambiental e outras.

ATIVIDADE 15
A POPULAÇÃO DA CIDADE

CONTEXTUALIZAÇÃO

A longo prazo, fica evidente a associação entre o crescimento populacional e a degradação ambiental.

Porém, para os autores Meyer e Turner II (1992), estudos com populações regionais têm sugerido cautela com relação à associação "população-transformação".

Myers (1995), demonstrou que o crescimento populacional não é o único fator determinante das mazelas ambientais. São também importantes os tipos de tecnologias utilizadas, os sistemas econômicos, as relações comerciais, as decisões políticas, os padrões de produção e consumo e outros elementos que podem reduzir ou agravar o impacto do crescimento populacional sobre o ambiente.

O crescimento populacional de uma cidade deve ser motivo de preocupação para todos. É necessário verificar se há suporte para esse crescimento.

POPULAÇÃO MUNDIAL	
ANO	BILHÕES DE PESSOAS
1804	1
1927	2
1960	3
1974	4
1987	5
2000	6
2005	6,4

Fonte: WI, 2005.

Apesar de a taxa de crescimento populacional global haver sofrido uma redução, ainda estamos em crescimento. A cada ano nascem em torno de 75 milhões de seres humanos.

Para o ano 2050 projetam-se as seguintes estimativas para o total da população mundial:

- 7,9 (estimativa menor)
- 9,3 (média) ou
- 10,9 (maior) bilhões de habitantes.

PROCEDIMENTOS

- Informar-se sobre o crescimento da população local. Buscar dados de várias décadas passadas e analisar a evolução dessa população (essas informações podem ser encontradas nos estudos do IBGE ou na Prefeitura de seu município).
- Dispor esses dados em forma de tabelas ou gráficos.
- Verificar as tendências evolutivas dessa população: se está estável, crescendo ou se reduzindo.
- Comentar, em grupo, como está a sua cidade em relação ao crescimento populacional e examinar as consequências dessa tendência.
- Comparar os seus resultados com os de outras cidades.
- Identificar alternativas de soluções.

DISCUSSÃO

A pressão ambiental gerada pelo crescimento de uma dada população depende de muitos fatores, mas, principalmente, de seus padrões de produção e de consumo.

O nascimento de uma criança na Inglaterra, por exemplo, equivale ao nascimento de 12 crianças no Brasil, ou de 35 na Índia ou, ainda, de 260 no Haiti. Assim, para sustentar o estilo de vida daquela criança inglesa, consome-se uma quantidade de recursos naturais que poderia sustentar 12 crianças brasileiras, ou 35 indianas, ou 260 haitianas. Logo, a degradação imposta depende do estilo de vida, dos padrões de consumo, da tecnologia utilizada, das políticas adotadas e outros.

De qualquer forma, tem gente demais no mundo! Nenhuma população animal pode crescer continuamente sem que ocorram transtornos.

Somos animais mamíferos, como já vimos, e nossa sobrevivência requer o suprimento de diversas necessidades. No entanto, se para satisfazê-las continuarmos a proceder da forma como estamos fazendo – destruindo as bases de sustentação da vida (derrubando as florestas que regulam o clima, poluindo e desperdiçando a água, poluindo o ar atmosférico e acabando com a produtividade do solo) –, em pouco tempo teremos sérias complicações.

QUAIS SERIAM AS SOLUÇÕES PARA ESSA SITUAÇÃO?

O planejamento familiar aparece como uma das primeiras. Há necessidade de investimentos em educação de qualidade. Quando a mulher melhora seu nível de escolaridade, tem menos filhos ("Quando se educa um homem, se educa um cidadão; mas, quando se educa uma mulher, se educa uma família inteira" – dito).

Mas não é apenas o processo de educação que irá resolver o problema.

Observe que o crescimento populacional torna-se um impasse, quando excede a capacidade de oferta de recursos naturais de um país ou região aos seus habitantes, ou quando excede a capacidade de planejamento dos governos (o que frequentemente acontece). Assim, o planejamento cuidadoso também constitui uma solução.

Só se alcança a melhoria ou manutenção da qualidade de vida de populações em crescimento com competência, planejamento, visão de futuro, vontade política e participação popular.

As cidades deveriam crescer apenas quando pudessem oferecer boas condições a seus habitantes. Para que isso ocorra, porém, é preciso mudar a mentalidade imediatista de governantes e de cidadãos.

ATIVIDADE 16
O CONSUMO E A DEPENDÊNCIA DA ENERGIA ELÉTRICA

CONTEXTUALIZAÇÃO

A maior parte da humanidade é dependente da energia elétrica. Essa dependência é cada vez mais intensa. Estamos sempre criando algo que vai aumentar o consumo de energia elétrica. Entretanto, pouco se discute de onde ela vem e os danos que sua geração causam ao meio ambiente e, portanto, a nós mesmos.

Tem-se a impressão de que ela estará sempre disponível. Mas a realidade é outra. O mundo passa por uma silenciosa e crescente crise de oferta de energia, sutilmente ignorada pela mídia.

Quando, por alguma razão, ficamos sem energia elétrica, percebemos mais claramente essa dependência. A cidade se desorganiza à medida que o tempo passa: interrupção de serviços, medo, pânico, incêndios, mudanças comportamentais, saques, violência e crime integram um espectro de conflitos de toda ordem.

Aquelas 55 horas sem energia elétrica, em Florianópolis, em 2003, ficaram na memória das pessoas como um pesadelo.

Situações semelhantes já foram experimentadas por inúmeras pessoas em diversas cidades ao redor do mundo.

Não se concebe mais a vida moderna sem a utilização da energia elétrica. Então, seu consumo deve ser responsável e eficiente.

PROCEDIMENTOS

- Trazer de casa contas pagas de energia elétrica, de diversas pessoas.
- Nessas contas, observar as informações sobre o consumo nos meses anteriores.
- Identificar quais os meses em que o consumo médio foi maior e menor.
- Examinar as razões ambientais para isso (chuvas, frio, calor e outros).
- Destacar quais os equipamentos que consomem mais energia elétrica.
- Listar uma série de providências e mudanças de hábito capazes de reduzir o consumo.
- Listar os principais danos ambientais causados pela construção e operação de uma usina hidrelétrica.

DADOS

A barragem da usina hidrelétrica de Tucuruí, no Pará, com 100 m de altura e 7,5 km de extensão, formou um lago de 2.430 km^2, com 170 km de extensão.

Ao se formar, o lago inundou a floresta e eliminou muitos animais e plantas da região, obrigou famílias a se deslocarem e cidades a se transferirem, alterou o clima local, mudou a dinâmica do rio, interferiu na vida aquática e na pesca, na qualidade da água e na navegação, causou o aparecimento de pragas nas lavouras e de diversas doenças que atingiram as comunidades ribeirinhas.

OBSERVE

Todo aparelho, equipamento ou dispositivo que necessita de eletricidade para funcionar traz registrado, em algum ponto, o valor de sua potência de consumo elétrico, medida em watts (W). Quanto maior o número de watts indicado, maior será o consumo desse aparelho. Procure saber qual é a potência do chuveiro, rádio, televisor, lâmpadas etc. de sua casa.

DISCUSSÃO

No Brasil, 97% da energia elétrica consumida vem de hidrelétricas. Logo, dependemos muito da saúde ambiental. Com a devastação das florestas e das nascentes, uso excessivo de água na irrigação, falta de chuvas, alto padrão de consumo de energia elétrica e desperdício, o sistema de geração e fornecimento das hidrelétricas entra em colapso.

Os inúmeros e inimagináveis transtornos ocasionados pela falta de energia elétrica vêm como uma reação em cadeia, e demonstram a perigosa e pouco percebida dependência que a sociedade humana estabeleceu em relação à eletricidade, para o desenvolvimento de suas atividades.

A energia elétrica é vista como algo em disponibilidade infinita e que praticamente não acarreta custos ambientais. Assim, raramente faz parte das preocupações das pessoas. O reflexo disso é que o Brasil desperdiça 17% da energia elétrica que produz, segundo o Procel (Programa de Conservação de Energia Elétrica, Ministério da Indústria e do Comércio).

Agora o Brasil está investindo na geração de energia por fontes renováveis, como a eólica (ventos) e a fotovoltaica (solar).

Visite *www.ibama.gov.br/ambtec* e conheça o Portal das Tecnologias Ambientalmente Saudáveis (Diretoria de Gestão Estratégica do Ibama, Brasília).

RECOMENDAÇÕES IMPORTANTES

Na hora de comprar um aparelho elétrico ou eletrônico, devemos dar preferência aos que consomem menos energia elétrica. Os equipamentos mais modernos consomem menos energia e realizam o mesmo trabalho. Pelo Código de Defesa do Consumidor, os fabricantes são obrigados a destacar o consumo dos produtos por meio de etiquetas bem visíveis.

Ao economizar energia elétrica, estamos ajudando a reduzir os impactos ambientais negativos provenientes da construção e operação de usinas hidrelétricas, térmicas ou nucleares.

ATIVIDADE 17
COMO ERAM OS BRINQUEDOS?

CONTEXTUALIZAÇÃO

Grande parte dos brinquedos que chega às crianças, hoje, é industrializada e depende de energia elétrica para funcionar. Jogos de vídeo e carrinhos precisam de pilhas, baterias ou corrente elétrica da rede.

As crianças raramente produzem os seus próprios brinquedos. Ao contrário, são estimuladas a consumir produtos prontos, muito caros, normalmente vinculados ao nome de algum(a) apresentador(ora) da televisão, e fabricados por empresas multinacionais.

Mas nem sempre foi assim ou é assim. Em cidades do interior, na periferia de grandes centros e no meio rural, muitas crianças ainda desfrutam a alegria de expressar a sua criatividade ao fazer os seus próprios aparatos de fantasia, entretenimento e alegria.

Como as crianças se divertiam antes da tevê e dos videogames? Como eram os brinquedos, antes da disponibilidade da eletricidade?

Os nossos avós tinham formas próprias de diversão com os seus brinquedos. Essas formas precisam ser relembradas, para que as eternizemos em nosso patrimônio histórico-cultural.

PROCEDIMENTOS

- Informar-se, com os pais e avós, sobre quais eram e como eram os seus brinquedos preferidos; fazer um desenho simples deles.
- Construir com os colegas brinquedos sugeridos pelos pais e avós. Trazer de casa brinquedos antigos.
- Listar os impactos ambientais que deixam de ser produzidos quando se adota brinquedos feitos em casa.
- Convidar os avós para oficinas de construção de brinquedos e organizar uma exposição (o convite aos avós é uma homenagem e uma forma de resgatar a sua dignidade, ao fazê-los sentir-se úteis e reconhecidos).

DISCUSSÃO

Brincar é um momento único, especial, para as crianças (e para os adultos também). Por meio das brincadeiras expressamos nossas emoções, inquietações, sonhos e fantasias. Compartilhamos experiências, fazemos planos, imaginamos o futuro e deixamos nossa imaginação fluir livremente.

A brincadeira é sagrada e indescritível; é mágica e inesquecível. Todos nós precisamos desses momentos lúdicos.

Na atualidade, o comércio transformou esses momentos em grandes oportunidades de negócio, apenas. Assim como os brinquedos, alguns serviços básicos foram transformados em grandes negócios: a educação e a saúde, por exemplo.

Há que se repensar e buscar um novo modelo de existência para a espécie humana, que seja mais honesto e menos medíocre, mais puro e menos pernicioso, mais coletivo e menos egoísta, mais alegre e menos tenebroso, em que ouçamos mais o som de músicas do que o de tiros, em que tenhamos mais brinquedos e menos lágrimas, em que cada pessoa seja mais NÓS e menos EU.

PARTE II

Qualidade ambiental no hábitat humano

CONTEXTUALIZAÇÃO GERAL

A qualidade ambiental de uma cidade influi diretamente na saúde de seus habitantes.

Uma cidade ambientalmente certa é silenciosa, tem muitas áreas verdes preservadas, oferece ar puro e água de boa qualidade.

Seus esgoto é tratado antes de ser despejado nos rios. O lixo é reciclado e as fontes de água são protegidas. Os jardins e ruas arborizadas abrigam ninhos de aves que vêm alegrar as manhãs de seus habitantes.

As leis ambientais são respeitadas e o orçamento municipal é participativo.

Esse sonho torna-se realidade em comunidades mais participativas, que votam com consciência, investem em educação e exercem os seus direitos.

Cidades poluídas, sem rede de esgoto, barulhentas e sujas, retratam a incompetência do poder público e a omissão e ignorância de seus governantes, da mídia e mesmo dos habitantes ao aceitar essa situação sem nada fazer.

Qualidade do ar

ATIVIDADE 18
AS FARMÁCIAS COMO INDICADORES DA QUALIDADE AMBIENTAL

CONTEXTUALIZAÇÃO

Existem vários indicadores da qualidade ambiental de uma cidade. Exemplos: qualidade da água e do ar, taxa de mortalidade infantil, nível de ruído e outros.

Há, porém, alguns indicadores indiretos que expressam fielmente o que está ocorrendo com a saúde da população. Esse é o caso das farmácias e dos postos de saúde.

PROCEDIMENTOS

- Nesta atividade, vamos utilizar as farmácias como indicadores da qualidade ambiental local.
- Em grupos, visitar as farmácias do bairro. Perguntar quais são os problemas de saúde para os quais é vendida a maior parte dos remédios (observe

que não há necessidade de saber o nome dos remédios, mas apenas para que eles servem).

- Anotar os três principais tipos de problemas de saúde encontrados.
- Procurar identificar as causas desses problemas de saúde.
- Repetir a atividade quatro meses depois e comparar os resultados.
- Verificar se existe algum fator ambiental atuando negativamente sobre a saúde da população. Qual? Quais são as suas causas? Quais as alternativas para diminuir sua influência?

ATIVIDADE 19

OS POSTOS DE SAÚDE E OS HOSPITAIS COMO INDICADORES DA QUALIDADE AMBIENTAL

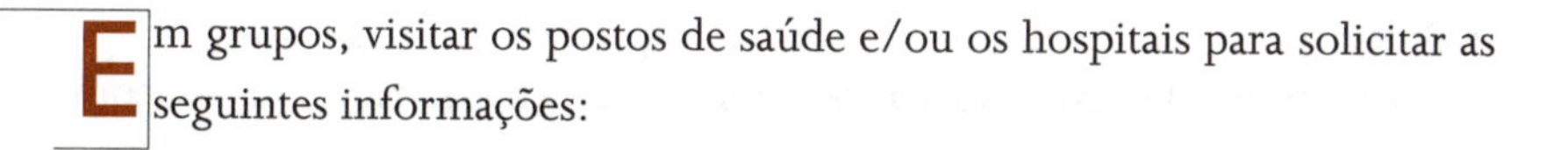

Em grupos, visitar os postos de saúde e/ou os hospitais para solicitar as seguintes informações:

- Quais as doenças mais comuns, na região, nos últimos cinco anos? (Seria muito útil se pudessem fornecer dados em tabelas e gráficos para análises na escola).
- A incidência de doenças tem aumentado, encontra-se estabilizada ou diminuiu?
- Quais as principais dificuldades encontradas para o atendimento das pessoas?

De posse desses dados, promover uma discussão, enfatizando as seguintes questões:

- Quais as causas das doenças?
- Há alguma relação entre as doenças encontradas e a qualidade ambiental local? Identificar as possíveis relações, explicá-las e enumerar as alternativas para a solução do problema.
- Que providências devem ser tomadas logo?

DISCUSSÃO

Diarreias, verminoses, dengue, cólera e outros males são caracteristicamente moléstias da falta de qualidade ambiental, da carência de saneamento e de condições precárias de higiene.

São as doenças que ocorrem em populações de países subdesenvolvidos, dos analfabetos ambientais, vítimas de políticas equivocadas conduzidas por técnicos incompetentes e governantes corruptos, em uma sociedade ingênua, desinformada e desarticulada.

As soluções para esses graves problemas não são fáceis, nem podem surtir efeito de uma hora para outra. São mudanças graduais que se fazem, principalmente, por meio da promoção de uma educação renovadora, de qualidade.

Uma educação que prepare as pessoas para a participação, para a compreensão de sua realidade social, econômica, política e ecológica. Que ensine as pessoas a analisar seu meio, identificar as suas ameaças e as alternativas de soluções. Que oriente quanto às formas de organização e participação popular.

Essa atividade deve ajudar as pessoas a perceber as suas realidades, compreender por que estão assim e enumerar as ações que serão necessárias para reverter esse quadro.

ATIVIDADE 20
BIOINDICADORES – OS SINALIZADORES DA NATUREZA

CONTEXTUALIZAÇÃO

Por meio dos nossos sentidos podemos perceber os ruídos, as sensações de calor ou frio, distinguir as cores, os odores, os movimentos e outras informações no ambiente.

Entretanto, muitas vezes os nossos sentidos não são capazes de perceber mudanças significativas na qualidade do ambiente em que vivemos. São mudanças que ocorrem lentamente, e que, muitas vezes, só vamos perceber quando a situação já se agravou. Isso pode ocorrer, por exemplo, com a qualidade do ar que respiramos.

Nesse caso, na natureza, existem alguns seres que são muito sensíveis à qualidade do ar. São os chamados bioindicadores. Eles nos indicam, em certos ambientes, a presença e a variação de determinados poluentes.

Os liquens são um exemplo de bioindicador. Em locais poluídos pelo SO_2 (dióxido de enxofre) eles simplesmente param de crescer, murcham e desaparecem.

O QUE SÃO LIQUENS?

- São algas que vivem associadas aos fungos, formando uma relação mutualística (dois seres são beneficiados por estarem juntos).
- Os liquens crescem em média 1 cm por ano e são encontrados sobre rochas e troncos de árvores – são pequenas manchas arredondadas, esverdeadas ou avermelhadas (veja as fotos a seguir).

ARQUIVO DO AUTOR

Foto 12A – *Yukamã Suguiura Dias, 10 anos, mostra os liquens em 1990*

ARQUIVO DO AUTOR

Foto 12B – *Yukamã, 25 anos, mostra os mesmos liquens em 2005*

DADOS SOBRE O SO_2 (DIÓXIDO DE ENXOFRE)

Esse gás resulta da queima de produtos derivados do petróleo e do carvão. É um dos poluentes atmosféricos mais frequentes nos grandes centros urbanos. Ataca as vias respiratórias e causa danos aos pulmões das pessoas que vivem nessas áreas.

DADOS SOBRE A TOLERÂNCIA DOS LIQUENS E DAS PESSOAS

Concentrações de SO_2 abaixo de 60 micro g/m^3 não interferem nos liquens. Acima desses valores, eles resistem apenas nas partes mais baixas das árvores. Acima de 170 $\mu g/m^3$, eles morrem e o ar se torna venenoso para as pessoas, matando-as lentamente.

PROCEDIMENTOS

- Em grupos, fazer uma caminhada pelas áreas próximas à escola para localizar liquens sobre tronco de árvores.
- Cobrir o liquen com um papel transparente e fazer o seu contorno com caneta hidrocor. Guardar o desenho, anotar a data e a localização da árvore. Repetir o procedimento um ano depois e comparar os dois desenhos. Se o liquen se desenvolveu, isso significa que o ar é de boa qualidade; se diminuiu, o ar está poluído; se permaneceu do mesmo tamanho, houve uma pequena alteração na qualidade do ar – para pior.
- No mapa do bairro, assinalar os locais onde os liquens foram encontrados e mapeados.
- Associar os resultados com a presença ou ausência de fontes poluidoras do ar (fluxo de veículos, fábricas, incineradores, área de incêndios e outros).
- Identificar soluções alternativas para os problemas encontrados.

NOTE BEM:

- Existem vários outros bioindicadores. As alfaces são um outro exemplo: quando o ar está poluído, aparecem manchas escuras nas folhas mais jovens (necrose, isto é, morte das células).
- Devem existir dezenas de outros bioindicadores que ainda não conhecemos.

DISCUSSÃO

A natureza continuamente envia sinais para os seres vivos. Seu sistema de comunicação é muito amplo e complexo.

As mudanças de temperatura, umidade, luminosidade, pressão, salinidade, intensidade de corrente elétrica, velocidade e direção dos ventos, por exemplo, são recursos de comunicação que a natureza utiliza para informar aos inúmeros sistemas de percepção dos diversos seres vivos os ajustamentos que estão ocorrendo no ambiente.

A nossa pele (o maior órgão do corpo humano), os nossos olhos, os ouvidos, o olfato e a nossa intuição são instrumentos de percepção, que recebem os sinais enviados pela natureza.

A educação que recebemos e o ambiente no qual vivemos (normalmente urbano) determinam estilos de vida que subutilizam nossas capacidades de percepção. Somos mamíferos e temos os equipamentos genéticos desses animais (temos faro, por exemplo).

O ideal seria que estivéssemos mais atentos aos sinais emitidos pela natureza, que recuperássemos as nossas capacidades de sensopercepção, adormecidas devido ao cotidiano estressante dos grandes centros urbanos.

CURIOSIDADE

Muitos pequenos animais fugiram para lugares mais elevados, antes da chegada do tsunami (onda gigante) que matou mais de 300 mil pessoas na Ásia (principalmente na Indonésia) e África, em 26 de dezembro de 2004.

ATIVIDADE 21

AVALIANDO A QUALIDADE DO AR

CONTEXTUALIZAÇÃO

Quando os raios de luz penetram em nossa casa, através de algum pequeno orifício, podemos ver como o ar que respiramos é cheio de poeira. Milhões de partículas flutuam em movimentos lentos e silenciosos.

São grãos de pólen e de areia, esporos de fungos, restos orgânicos de queimadas, fuligens de combustíveis, de pneus, óleos lubrificantes, motores e outros.

Graças aos nossos filtros naturais – a mucosa e os pelos nasais – somos protegidos, em parte, dessa mistura causadora de problemas respiratórios.

Entretanto, quando o número de partículas é muito grande, as doenças se manifestam: inflamação da garganta e dos olhos, agravamento de estados de asma e bronquite, entre outros.

A qualidade do ar é um importante indicador de saúde e conforto ambiental. É um patrimônio coletivo que deveria ser respeitado e preservado.

PROCEDIMENTOS

- Vamos precisar de cinco lâminas de microscópio ou então cinco pedaços de plástico transparente, duro, como aqueles utilizados em embalagens de lâminas de barbear.
- Passar uma fina camada de vaselina incolor ou uma gota de óleo de cozinha, espalhada pela lâmina.
- Expor cada uma das lâminas, durante, pelo menos, uma hora, em ambientes distintos (pátio da escola, rua ao lado da escola, área próxima de uma pista movimentada e outras); todas as lâminas, ao serem expostas, devem ficar a uma altura de 1 m acima do solo para captar a poeira do ar e "fixá-la" em sua superfície. Cuidar para não expor as lâminas próximo de árvores, muros etc., para evitar interferências nas leituras dos resultados, pois algumas partículas podem se desprender do muro ou da árvore e se depositar na lâmina.
- Todas as lâminas deverão estar expostas a "céu aberto".
- Etiquetar as lâminas, anotando os locais onde foram expostas.
- Com uma lupa, observar cuidadosamente cada lâmina, fazendo o seguinte:
  - determine uma certa área na superfície das lâminas;
  - conte o número de partículas naquela área;
  - compare os resultados das lâminas colocadas em áreas distintas;
  - tente encontrar as causas das diferenças.

Caso a escola não tenha lupas, proceder da seguinte maneira:

- Em grupo, visitar uma ótica, para verificar se há a possibilidade de eles cederem alguma lente para vocês montarem uma lupa. Esclareça a necessidade de obter uma lente, expondo seu projeto de estudos ambientais. É possível que as óticas tenham algumas lentes que tenham sido descartadas. Depois, basta fazer uma moldura para facilitar o manuseio.

Na hipótese de a escola não ter lupas, este deverá ser o primeiro assunto a ser tratado. Por que não tem? Quais as causas dessa falta de equipamento básico? Quais as consequências dessa carência de equipamentos adequados para a qualidade da educação? Quais seriam as soluções?

A qualidade do ar atmosférico que respiramos é um patrimônio de todos, é um direito previsto na nossa Constituição. A saúde de todos está diretamente ligada à qualidade do ar que respiramos.

Qualquer agente que esteja poluindo o ar estará agredindo um direito coletivo. Logo, a responsabilidade de manutenção dessa qualidade do ar é de todos: indústria, comércio, empresas, escolas, governo e os próprios cidadãos individualmente.

Por outro lado, os agentes não são estranhos, são apenas indesejáveis.

CURIOSIDADE

É crime ambiental atear fogo a pneus ou qualquer produto feito de plástico. Os gases resultantes da combustão são cancerígenos (dioxinas).

ATIVIDADE 22
O FUMO, A DEGRADAÇÃO DA QUALIDADE DO AR E A SAÚDE

CONTEXTUALIZAÇÃO

O ambiente de trabalho, de estudo ou de descanso, ou seja, onde as pessoas passam a maior parte do tempo, deve ser saudável, silencioso, bem ventilado e bem iluminado. Determinados hábitos, entretanto, podem alterar negativamente a qualidade desses ambientes.

O hábito de fumar é o mais comprometedor de todos. Pesquisas em todo o mundo provam que a fumaça do cigarro é a maior responsável pela degradação da qualidade do ar em ambientes fechados.

Esse vício, além de prejudicar a própria pessoa que fuma, interfere também na saúde das pessoas que compartilham do mesmo ambiente do fumante.

Apenas um cigarro polui o ar de uma sala de 20 m^2, distribuindo os seus venenos para todos os que estejam ali durante uma hora.

Vamos construir um aparelho chamado "fumômetro". Ele vai permitir uma demonstração curiosa e importante dos efeitos causados por apenas um cigarro.

Reunir os seguintes materiais:

- Dois frascos pequenos, incolores, com cerca de 9 cm de altura (como o frasco de sal de fruta, por exemplo).
- Dois canudos (podem ser de refresco, aqueles de maior diâmetro), ou dois pedaços de mangueira fina (diâmetro suficiente para caber um cigarro).
- Massa para vedar (pode ser cola, massa de calafetar etc.).
- Um dos frascos deverá ser usado como "controle", ou seja, será utilizado apenas para fazer a comparação, no final. Colocar água (2 cm de altura), vedar e guardar.
- Montar o outro frasco da seguinte forma:
  – o canudo que contém o cigarro deve ficar imerso na água;
  – o canudo por onde o ar será sugado deve ficar acima do nível da água;
  – a quantidade de água deve ser mínima (2 cm de altura);
  – os locais onde os canudos atravessam a tampa devem ficar bem vedados.

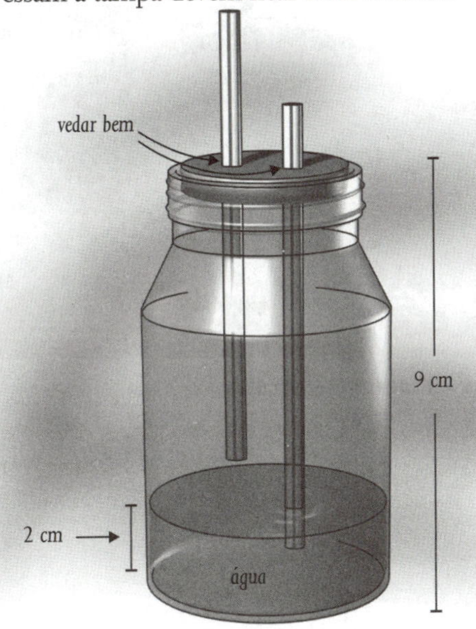

Figura 4 – Fumômetro

- Em seguida, abrir a tampa e colocar água (2 cm de altura); fechar bem o sistema. Introduzir um cigarro (pelo lado do filtro) no tubo que está imerso na água. O cigarro terá de ficar bem ajustado.
- A seguir, puxar o ar com uma seringa grande ou uma bomba de encher pneus de bicicleta (a cada puxada, a mangueira deve ser desconectada e vedada para evitar a saída dos gases; reiniciar o processo até o cigarro ser consumido); outra alternativa, a menos recomendada, é solicitar que um fumante faça essa experiência, sem tragar.
- Retirar o "toco" do cigarro e vedar imediatamente os canudos (dobrar e passar uma fita adesiva).
- Deixar o fumômetro em repouso por 24 horas.
- Abrir o frasco após 24 horas e perceber o seu odor; observar o que ocorreu com as paredes internas do frasco e com a cor da água.
- Comparar a cor da água desse frasco com a água contida no frasco de controle. Observar as diferenças das paredes internas.

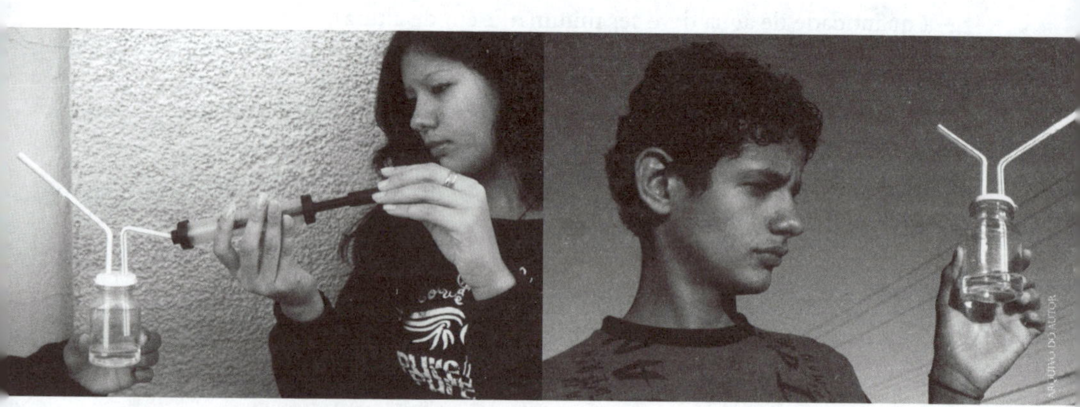

Fotos 13 – Fumômetro sendo operado

Após as 24 horas, as paredes do frasco ficarão amareladas e cheias de partículas enegrecidas (alcatrão, principalmente). O odor será semelhante ao de carniça! É o resultado da reunião de muitos gases fétidos liberados na queima do tabaco. A água ficará amarelada (para perceber melhor, mostrar o frasco do fumômetro tendo ao fundo uma área branca; ao lado do frasco de controle).

Reforçar o fato de que esse é o resultado de uma experiência feita com apenas UM cigarro. As pessoas fumam dezenas deles por dia. Imagine o número de cigarros fumados por uma única pessoa em um ano, em dez anos! As pessoas estão se matando e não se dão conta disso. Foram envolvidas pelo vício, seduzidas pelas campanhas publicitárias e/ou deixando-se influenciar por outros fumantes.

Até bem pouco tempo atrás, publicidades para a venda de cigarro, veiculadas nas tevês, vendiam uma falsa realidade, associando o ato de fumar à prática de esportes, a pessoas saudáveis, bem-sucedidas, pessoas com estilo, que apresentam um certo *status*. Entretanto, sabemos que o hábito de fumar, ser bem-sucedido e a prática de esportes nada têm em comum. Os jovens, principalmente, são os maiores alvos dessa indústria da morte. A Lei 10.702 de 14 de julho de 2003 proíbe a veiculação de propagandas de cigarro em tevês, rádios, *outdoors* etc. (consultar *www.conar.org.br*).

O tabagismo é considerado um dos maiores estressores de qualidade de vida. Tornou-se um mal social, causando exclusão, isolamento, discriminação, doença e morte.

CURIOSIDADE

Na atualidade, muitas empresas dão preferência a candidat@s não fumantes (isso não é feito de forma explícita, mas alega-se que o tabagismo reduz a concentração e a produtividade). Na verdade, o fumante está mais vulnerável a doenças e faltas ao trabalho, além de baixar a qualidade do ar do ambiente de trabalho.

Morrem no mundo mais de 5 milhões de pessoas por ano, em decorrência do uso do tabaco, segundo estimativas feitas em 2004. Um fumante passivo (a pessoa que compartilha a fumaça do cigarro) absorve 1/3 de cada cigarro fumado. O pior é que essa pessoa absorve o pior da fumaça, ou seja, a que não passa pelo filtro.

EM CADA TRAGADA O FUMANTE ATIVO ABSORVE PARA DENTRO DO SEU CORPO:

Nicotina

Alcatrão

Monóxido de carbono

Formol (conservante de cadáveres)

Fósforo P4/P6 (usado como veneno contra ratos)

Naftalina (usado para matar baratas)

Amônia (usado em desinfetantes para pisos e sanitários)

Acetona (removedor de esmaltes)

Benzopireno

E mais outras 4.700 substâncias cuja toxicidade ainda não foi determinada.

NICOTINA: em menos de 10 segundos chega ao cérebro e as células nervosas produzem excesso de dopamina (um estimulante que causa um bem-estar passageiro); a pessoa fica dependente e passa a querer mais e mais nicotina. A partir daí, diminui a capacidade de circulação sanguínea, aumenta o depósito de gordura nas paredes internas dos vasos sanguíneos, sobrecarregando o coração (bombeamento), podendo levar ao infarto.

ALCATRÃO: concentra 43 substâncias cancerígenas e algumas radioativas (urânio e polônio, por exemplo, capazes de induzir mutações no núcleo das células). A língua, garganta, pulmões, faringe, esôfago, estômago, rins e bexiga são as principais áreas onde o alcatrão se infiltra e as mais sensíveis ao surgimento de cânceres.

MONÓXIDO DE CARBONO: os glóbulos vermelhos são os responsáveis pelo transporte do oxigênio para as células. Ao ser ingerido por meio da fumaça do cigarro, o monóxido de carbono vai para o sangue e adere aos glóbulos vermelhos, reduzindo a sua capacidade de distribuir oxigênio pelo corpo. Com isso, as células passam a respirar mal, produzindo menos energia e os resultados são percebidos de imediato: perda de fôlego, surgimento de doenças cardiovasculares e respiratórias.

O CIGARRO ATACA:

O pulmão	O útero
O cérebro	O bolso
Os dentes	Os familiares
@s amig@s...	

O CIGARRO CAUSA:

Angina	Angina	Aumento das alergias
Bronquite	Câncer	Cansaço
Catarro	Dores de cabeça	Hipertensão
Impotência sexual	Infarto	Nascimentos prematuros
Odor	Perda de peso	Perda do apetite
Poluição	Problemas de pele	Taquicardia do feto
Úlcera	Vício	Dificuldades de convivência social

O Brasil tem 2,5 milhões de fumantes com idade entre 15 e 19 anos (90% dos fumantes começaram a fumar nessa faixa de idade). O fumo é um dos principais responsáveis por doenças cardiovasculares e câncer, as duas maiores causas de morte no país.

No Brasil há uma Lei federal que proíbe o fumo em escolas, teatros, cinemas, ônibus, aviões, aeroportos e outros lugares (Lei 9.294, de 15 de julho de 1996, Presidência da República) e disciplina a publicidade (inclusive de bebidas alcoólicas).

A pergunta que se faz é a seguinte: se todos sabem que o fumo é um desastre social, então por que é tolerado?

A resposta é a mesma que se dá para a ingestão de bebidas alcoólicas: interesses econômicos e políticos.

Essas indústrias geram bilhões de reais em impostos, movimentam contas milionárias em produção, transporte, publicidades, embalagens, distribuição e pesquisas. É o cinismo, a demagogia e a hipocrisia de pessoas que agregam riquezas à custa da desgraça alheia. É o mesmo princípio que rege o tráfico de drogas e de armas, a destruição das florestas, a poluição das águas, do ar e do solo.

ATIVIDADE 23
MEDINDO A POLUIÇÃO ATMOSFÉRICA CAUSADA PELOS AUTOMÓVEIS

CONTEXTUALIZAÇÃO

Apesar de serem muito úteis, os veículos automotores são os maiores poluidores do ar atmosférico nos grandes centros urbanos. Eles despejam toneladas de gases nocivos à saúde dos seres vivos, como o monóxido de carbono, o óxido de nitrogênio e os hidrocarbonetos, além do gás carbônico, uma dos maiores indutores do efeito estufa.

Além da poluição atmosférica, esses veículos causam também poluição sonora e outros transtornos, como engarrafamentos e acidentes.

Na verdade, há automóveis em excesso no mundo! Hoje, a frota mundial é de 430 milhões de veículos. Sem o desenvolvimento tecnológico, esse número já teria tornado irreversivelmente tóxica a atmosfera, para muitos seres vivos.

O Brasil é um exemplo de avanço nessa área. Em 1986, o Instituto Brasileiro do Meio Ambiente e dos Recursos Naturais Renováveis – Ibama associado ao Programa de Controle de Poluição do Ar por Veículos Automotores – Proconve, que atuando com os fabricantes de veículos (Anfavea) e a Petrobras, conseguiu reduzir em até 96% as emissões de gases poluentes.

Houve melhoria no sistema de injeção de combustíveis, no sistema de absorção de vapores, nos catalisadores e na qualidade dos combustíveis, com a retirada do chumbo da gasolina e a redução do enxofre do óleo diesel.

A adição do álcool à gasolina formando o combustível brasileiro Gasool (78% gasolina + 22% álcool) também contribuiu para diminuir a poluição. Mesmo assim ainda há muita emissão de gases tóxicos, principalmente monóxido de carbono (CO), óxidos de enxofre (SOx) e de nitrogênio (NOx), e hidrocarbonetos.

No quadro a seguir está expressa essa evolução. Observar quantos gramas de CO e NOx foram emitidos, por quilômetro rodado, nos anos 1980 e sua emissão na atualidade. Os padrões apresentados em 1997 continuam válidos como referência.

ANO	COMBUSTÍVEL	CO (G/KM)	NOX (G/KM)
1980 – 1983	Gasolina	54,0	1,2
1983	Álcool	18,0	1,0
1997	Gasool	1,2	0,3
1997	Álcool	0,9	0,3

Fonte: Resoluções do Conama – Conselho Nacional de Meio Ambiente.

PROCEDIMENTOS

- Procurar saber a quantidade de veículos que circulam em sua cidade.
- Considerar que esses carros rodam, em média, 50 km por dia, com gasool (carros do ano de fabricação 1997, em média).
- Calcular a quantidade de monóxido de carbono e de dióxido de enxofre que é despejada na atmosfera de sua cidade, assim:
  – 50 km/dia x 1,2 g/km x número de carros = total em gramas de CO despejado na cidade, por dia.
  – 50 km/dia x 0,3 g/km x número de carros = total em gramas de NOx despejado na cidade, por dia.
- Os resultados obtidos devem ser transformados para quilograma (kg), cortando três casas decimais.

- Fazer o cálculo para o ano todo (x 365).
- Fazer o cálculo para a frota global (considere a gasool como padrão, apesar de saber que o resultado obtido é menor do que se fosse a gasolina pura, que polui mais).

Considere que apenas alguns gramas desses gases, no ar atmosférico de um dado local, já são suficientes para causar danos às pessoas (dependendo das condições de ventilação, temperatura e umidade local).

DADOS SOBRE O CO: gás tóxico, inodoro, incolor. Ao ser inspirado, provoca falta de oxigênio no sangue. Exposições de duas horas em concentrações de 50 a 100 ppm (partes por milhão) provocam dor de cabeça, fadiga e embaçamento da visão (sinais de envenenamento). A partir de 250 ppm a pessoa perde a consciência e entra em coma. Concentrações de 750 ppm causam morte.

DADOS SOBRE O NOx: gás de efeito irritante que afeta os tecidos pulmonares e os olhos. Agravam profundamente a bronquite e a asma. Causam chuva ácida (ácido nítrico), que corrói tecidos, afeta plantas e animais e estraga equipamentos urbanos (pintura dos prédios, pontes, postes, monumentos públicos etc.).

DISCUSSÃO

Os resultados obtidos sugerem que respiramos um ar atmosférico venenoso, nos grandes centros urbanos. E isso se reflete na saúde dos seres vivos.

Essa situação já foi muito pior. Nos anos 1980 a poluição chegava a 40 vezes mais (CO), por exemplo. Hoje, os veículos poluem bem menos, como se pode perceber da tabela anterior. São avanços inquestionáveis, mas, ainda não é a solução ideal.

O fato de existirem carros em excesso produz engarrafamentos, perda de tempo, de paciência e de saúde.

Pode-se apontar que um dos problemas está na forma de transporte adotado: *o individual*. Há de se investir mais em transportes coletivo de qualidade. Economiza-se combustível e polui-se menos. Há, porém, setores econômicos interessados em impedir que essas decisões sejam concretizadas: a indústria automobilística e a petrolífera, por exemplo.

ATIVIDADE 24

DETECTANDO OS EFEITOS DO USO DE COMBUSTÍVEIS FÓSSEIS

CONTEXTUALIZAÇÃO

A frota de veículos polui não apenas por meio dos gases que são expelidos pelo escapamento, mas também por vapores e partículas que saem de outras partes dos veículos, geradas pelo atrito entre diversos componentes.

O contato dos pneus com o asfalto, por exemplo, libera partículas que ficam suspensas na atmosfera urbana e são inaladas pelas pessoas.

PROCEDIMENTOS

- Serão necessários guardanapos de papel, brancos, limpos e porosos. Servem também filtros de papel ou mesmo papel higiênico branco, poroso.
- Formar 4 ou 5 grupos de alun@s.
- @s professor@s organizarão uma visita a locais predeterminadas para fazer o seguinte:

- Selecionar, ao acaso, folhas de vegetais que estejam a uma altura de 1 m, e recobri-las com o guardanapo.
- Cada grupo deve proceder da mesma maneira, em locais distintos.
- Anotar, nos guardanapos, os locais onde a operação foi realizada.
- De volta à sala de aula, expor sobre a mesa todos os guardanapos e estabelecer comparações:
  – Qual papel ficou mais enegrecido? Por quê?
  – Qual papel ficou menos enegrecido? Por quê?

DISCUSSÃO

Onde o tráfego é mais intenso? Que folhas apresentam mais fuligem? Essa fuligem vem dos carros movidos a óleo diesel, principalmente. Mas também são resultado das partículas de pneus que se desprendem do desgaste no atrito com o asfalto e do desgaste das peças das engrenagens que vão para o ar atmosférico.

Outra fonte poluidora pode ser a poeira ou a fuligem de alguma chaminé próxima ou mesmo queimadas (de lixo, de pneus, de florestas).

Qualquer que seja a fonte dessas partículas, manchas escuras denunciam que se respira ali um ar de má qualidade, comprometedor da saúde. Há de se identificar essas fontes de degradação e buscar soluções para minimizá-las ou até mesmo eliminá-las.

ATIVIDADE 25
COMPARANDO A POLUIÇÃO CAUSADA POR DIFERENTES TIPOS DE COMBUSTÍVEIS

CONTEXTUALIZAÇÃO

No ciclo de produção da cana-de-açúcar, retira-se da atmosfera de duas a três toneladas de gás carbônico (CO_2) para cada tonelada de álcool produzida. Um carro movido a álcool anula as emissões de gás carbônico de um carro movido à gasolina.

Este libera 194 gramas de CO_2 para a atmosfera a cada quilômetro rodado, enquanto o movido a álcool produz 183 g CO_2/km rodado. Do ponto de vista ambiental, o álcool é, no momento, o melhor combustível.

Além disso, as plantações de cana-de-açúcar podem ser consideradas no mercado de créditos de carbono (áreas verdes que absorvem gás carbônico cujas cotas podem ser comercializadas nas bolsas de valores).

Infelizmente, nem todos os combustíveis que utilizamos são como o álcool. Ainda são largamente consumidos combustíveis poluidores, ricos em enxofre, capazes de produzir gases tóxicos e corrosivos despejados na atmosfera.

PROCEDIMENTOS

- Amarrar uma gaze na saída do cano de descarga (escapamento) de um carro a álcool e pedir que alguém o acelere um pouco, por 30 segundos, em ponto morto.
- Fazer a mesma coisa com um carro movido a óleo diesel (camioneta).
- Expor as gazes sobre uma mesa e comparar qual polui mais (manchas mais escuras).

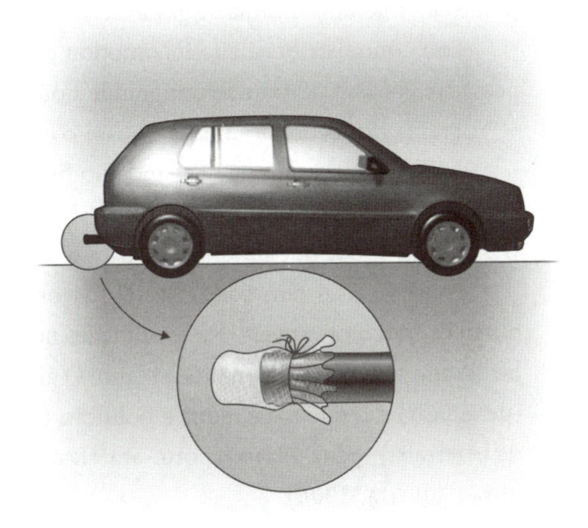

Figura 5 – Gaze na descarga dos carros

DISCUSSÃO

O óleo diesel polui mais porque a sua combustão é incompleta. Há sempre uma sobra de carbono (fuligem) que sai pelo escapamento. A combustão desse gás também emite mais gases poluentes, pois tem alto teor de enxofre (óxidos de enxofre). É o pior dos combustíveis e por isso os carros movidos a óleo diesel apresentam o pior desempenho.

Infelizmente, no Brasil, o transporte de cargas (caminhão) e de passageiros (ônibus) ainda é feito, em sua maior parte, com veículos movidos a óleo diesel. Além de poluir mais, é muito caro. Por essa razão, os trens elétricos precisariam retornar, pois, além de serem mais seguros e econômicos, causam menos impacto ambiental.

Uma boa notícia é que a Petrobras (uma das melhores empresas petrolíferas do mundo em desenvolvimento de combustíveis) investiu 1,9 bilhão de reais em 2004 para pesquisar e produzir um novo tipo de óleo diesel (S500) que polui 75% menos. Esse combustível será utilizado nas cidades grandes a partir de 2006.

O Brasil é o único país do mundo que tem uma frota de veículos movida a um combustível renovável (álcool) e que **não** utiliza gasolina pura (mais poluente), mas uma mistura de gasolina com álcool, o gasool (menos poluente).

Essa conquista brasileira incomodou os países ricos que lucram com o petróleo. Por isso, armou-se um grande boicote para desmontar o Proálcool – Programa do Álcool do Brasil, e quase conseguiram.

A era do carbono está chegando ao fim (uso de combustíveis fósseis = petróleo e carvão). O futuro está reservado para os chamados biocombustíveis (álcool = etanol e biodiesel) e para o hidrogênio.

Poucos países têm condições tão favoráveis quanto o Brasil para produzir os biocombustíveis. Na atualidade, nosso país produz 14 bilhões de litros/ano e exporta 3,5 bilhões l/ano. O álcool brasileiro (etanol de cana-de-açúcar) é o que mais reduz a poluição (87%). O álcool europeu (etanol de beterraba) reduz 48% e o norte-americano (etanol de grãos) reduz apenas 30% (Siqueira, 2005).

CURIOSIDADE – I

Uma camionete diesel polui 12 vezes mais do que um carro *sedan* (monóxido de carbono). Uma moto polui mais do que dois carros (não têm catalisador). Veja a tabela abaixo:

TIPO DE VEÍCULO	CO (G/KM)	NOX (G/KM)
Camionete	24,0	2,0
Carro	2,0	0,6
Moto	5,5	0,3

Fontes: Lei 8.723/1993 e Resolução Conama 342/2003.
Consultar: www.ibama.gov.br. Clicar em Proconve.

CURIOSIDADE – 2

A frota de veículos no Brasil está dentre as mais econômicas do mundo. Os carros brasileiros percorrem, em média, 11 km com um litro de gasool. Os Estados Unidos continuam fabricando os chamados "utilitários esportivos", que percorrem apenas 5 km com um litro de gasolina.

O GNV (Gás Natural Veicular) apresenta emissões muito próximas às da gasolina e do álcool. Apenas a produção de CO é menor. Porém, se o kit for irregular, polui *oito* vezes mais do que a gasolina. Os kits ambientalmente corretos devem ter o Certificado Ambiental para Uso do Gás Natural – CAGN, do Ibama.

Qualidade da água

ATIVIDADE 26
DE ONDE VEM A ÁGUA QUE BEBEMOS?

CONTEXTUALIZAÇÃO

Sem água potável, que é o alicerce da vida, a sociedade humana desaparece. Na atualidade, das 203 Nações do mundo, 60 estão em conflito e 36 estão em guerra, por causa da água.

Apesar de o Brasil ser um dos países que possui as maiores reservas de água do mundo, não podemos descuidar da preservação das nossas nascentes e das práticas de uso que evitem ou, pelo menos, reduzam o desperdício.

Devido à falta de conscientização da população nas cidades, a maioria das pessoas não sabe de onde vem a água que consome. Para elas, as torneiras são como instrumentos mágicos que fazem "brotar" água das paredes. Isso cria a falsa percepção de fartura, de disponibilidade eterna, e, com isso, vem o desperdício.

A saúde de uma população depende, em grande parte, da qualidade da água que utiliza.

A disponibilidade e a qualidade dessa água dependem dos hábitos de consumo e das medidas de proteção dos seus mananciais. Analfabetismo ambiental, desperdício, desflorestamento e poluição são as maiores ameaças ao acesso à água potável.

PROCEDIMENTOS

- Identificar, no mapa da cidade, de onde vem a água que abastece a população. Se não tiver, com o auxílio d@ professor@ de Geografia, fazer um mapa aproximado da cidade, utilizando uma folha de papel grande (cartolina ou fundo de um cartaz), desenhando as áreas à mão livre, com caneta.
- Informar-se se as áreas onde a água é captada para a represa são protegidas contra a poluição e o desflorestamento.
- Discutir em sala de aula a situação encontrada.
- Buscar informações sobre o consumo atual e as tendências de crescimento desse consumo.
- Examinar se há condições de atendimento da demanda prevista e se há estudos para proteger novas áreas para futuras captações.
- Organizar uma visita à área de captação.

DISCUSSÃO

A proteção das nascentes que abastecem as represas que servem à população é uma obrigação de todos. Não apenas da companhia de água.

As escolas devem desenvolver atividades voltadas para a conscientização do tema. Visitar a represa e conhecer seus problemas. Com isso, forma-se o conhecimento e a consciência dos desafios. Reforça-se a ideia do que é necessário fazer para garantir o abastecimento de água de boa qualidade; ajuda a compreender a dinâmica de diferentes fatores, atuando, ao mesmo tempo, nas dimensões sociais, econômicas, políticas, éticas, culturais e ecológicas.

ATIVIDADE 27
EXAMINANDO A QUALIDADE DA ÁGUA QUE BEBEMOS

PROCEDIMENTOS

FASE 1

Amarrar um pano branco na boca de uma torneira.

• Deixar, durante uma semana, o pano funcionar como um coador ou filtro.

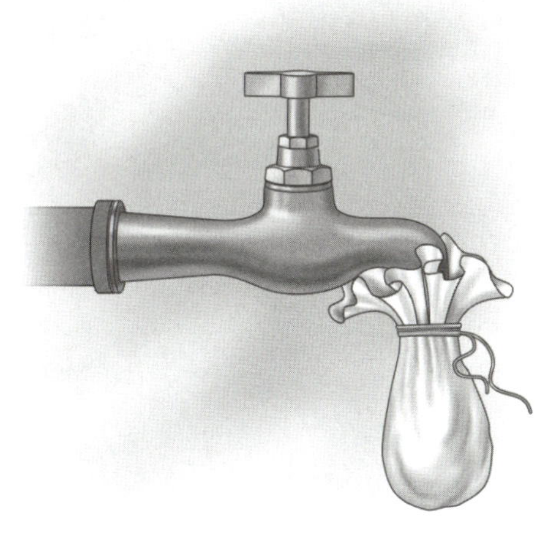

Figura 6 – Pano na torneira

FASE 2

- Convidar um técnico da companhia de água e esgotos de sua cidade para fazer uma palestra sobre "A água que bebemos".
- No dia da palestra, trazer para a sala de aula o pano que ficou amarrado na torneira e solicitar que o técnico explique para a turma o que aconteceu. O pano poderá ficar esverdeado ou barrento, ou mesmo limpo, dependendo da qualidade da água que é servida em sua cidade.
- Questionar que medidas estão sendo tomadas para resolver os problemas identificados; se a água está boa, que medidas estão sendo tomadas para a sua preservação.

DISCUSSÃO

Se o seu experimento mostrou que a água que é fornecida à população não é de boa qualidade, as razões para tal precisam ser analisadas. Razões ecológicas, econômicas, políticas, éticas? O Brasil é rico em água e temos tecnologia para cuidar e/ou buscar água a grandes profundidades. O que falta então? O que pode ser feito?

Se, ao contrário, o experimento mostrou água de boa qualidade, procurar examinar como isso foi conseguido. Que organizações que estão envolvidas nesse sucesso? Quais seus planos para o futuro?

ATIVIDADE 28

PEQUENOS PINGOS, GRANDES GASTOS

PROCEDIMENTOS

Em casa, deixar uma torneira pingando por uma hora, em uma vasilha. Em seguida, medir o volume de água coletado (em ml).

- Multiplique o resultado por 24 e terá o desperdício dessa torneira, em um dia.

NOTE BEM:

Para medir o volume dos pingos, transfira a água do vasilhame para algum copo graduado, com as marcas em mililitro (ml). O copo de liquidificador, por exemplo, tem marcas em ml.

ATENÇÃO:

Não desperdiçar a água coletada!

- Levar o resultado para a sala de aula no dia seguinte. Somar os resultados de todos @s alun@s da sala e multiplicar por 365 dias para obter o desperdício de um ano. Para facilitar a compreensão, transforme os resultados obtidos em ml (mililitro) para l (litro), cortando três casas decimais (exemplo: 23.400 ml = 23, 4 l).

- Qual seria o desperdício de todas as pessoas da sua cidade, em um ano? Para isso, informe-se do número de habitantes da cidade e divida esse valor por 2,3 (número médio de pessoas nas famílias brasileiras, segundo o IBGE, 2005).
- Observe se o volume de água obtido no último exercício é suficiente para abastecer a sua cidade ou várias cidades semelhantes.
- Calcular o desperdício se toda a população do planeta tivesse essa torneira pingando (6,4 bilhões de pessoas = 6.450.000.000). Sugerimos que se faça uma regra de três simples, utilizando o resultado do item anterior (admitindo a média da família brasileira para as demais Nações).

DISCUSSÃO

A maior parte dos mais de 5 mil municípios brasileiros bebe água de baixa qualidade. Isso ocorre por várias razões: a primeira, é por ignorância. Essa razão carrega as demais:

- poluição;
- desmatamento;
- descaso das autoridades com a saúde do povo.

Povo doente é povo carente, precisa de uma ambulância. Essa ambulância sempre está disponível para prestar esse "favor" e levar esses doentes para os hospitais das capitais. Com isso, as autoridades locais ficam livres de suas responsabilidades com saúde pública, saneamento e outros.

Muitas vezes, o desleixo com a qualidade da água é tão grande que as represas de captação, infelizmente, poderão ser comparadas a lameiros, poças barrentas, vergonhosamente salpicadas de fezes de gado e de cavalos.

Por lei, a região de captação de água tem de ser protegida contra a poluição, o desmatamento e a urbanização. Assim, próximo à represa e aos riachos e/ou rios que a formam não é permitida uma série de atividades humanas, como a instalação de fábricas, granjas, matadouros, hortas, currais ou moradias.

Esse quadro de descaso não pode permanecer como está, pois, hoje em dia, existem vários mecanismos de ação popular (Ministério Público, a mídia, as ONGs, a Promotoria Municipal e outros).

Outro ponto que precisa ser rediscutido é a cultura do desperdício. O ideal é que o estímulo de hábitos de consumo sustentáveis devam partir das escolas. A atividade dos pingos d'água demonstrou que, se todos cooperassem, poderíamos economizar bastante. Do contrário, podemos passar, no futuro, por situações extremamente desagradáveis.

A SITUAÇÃO DO BRASIL

O Brasil tem 12% da água doce do mundo, porém, esta é mal distribuída por todo seu território.

RESERVAS DE ÁGUA, EM ALGUNS PAÍSES

PAÍS	TOTAL DE ÁGUA EM RESERVA (KM³)
Alemanha	171,0
Arábia Saudita	4,6
Brasil	**6.950,0**
Canadá	2.901,0
China	2.800,0
Espanha	111,3
Estados Unidos	2.478,0
França	198,0
Israel	2,2
Reino Unido	71,0

Fonte: World Resource Institute – WRI, *The state of the world*, 1997, p. 306-307.

DISPONIBILIDADE DE ÁGUA POR HABITANTE, EM ALGUNS PAÍSES

PAÍS	DISPONIBILIDADE DE ÁGUA (M³/PESSOA)
Alemanha	2.096
Arábia Saudita	254
Brasil	42.957
Canadá	98.462

China	2.992
Espanha	2.809
Estados Unidos	9.413
França	3.415
Israel	382
Reino Unido	1.219

Fonte: World Resource Institute – WRI, *The state of the world*, 1997, p. 306-307.

Observe que a situação do Brasil é privilegiada, comparando a outras Nações. Boa parte dessa água está na Amazônia ou em depósitos subterrâneos (Aquífero Guarany).

A água é um dos recursos naturais pelos quais a Amazônia é cobiçada internacionalmente. Essa região funciona como um grande regulador do clima global. A expressão "pulmão do mundo" é inadequada, pois o oxigênio que a floresta produz ela mesma consome.

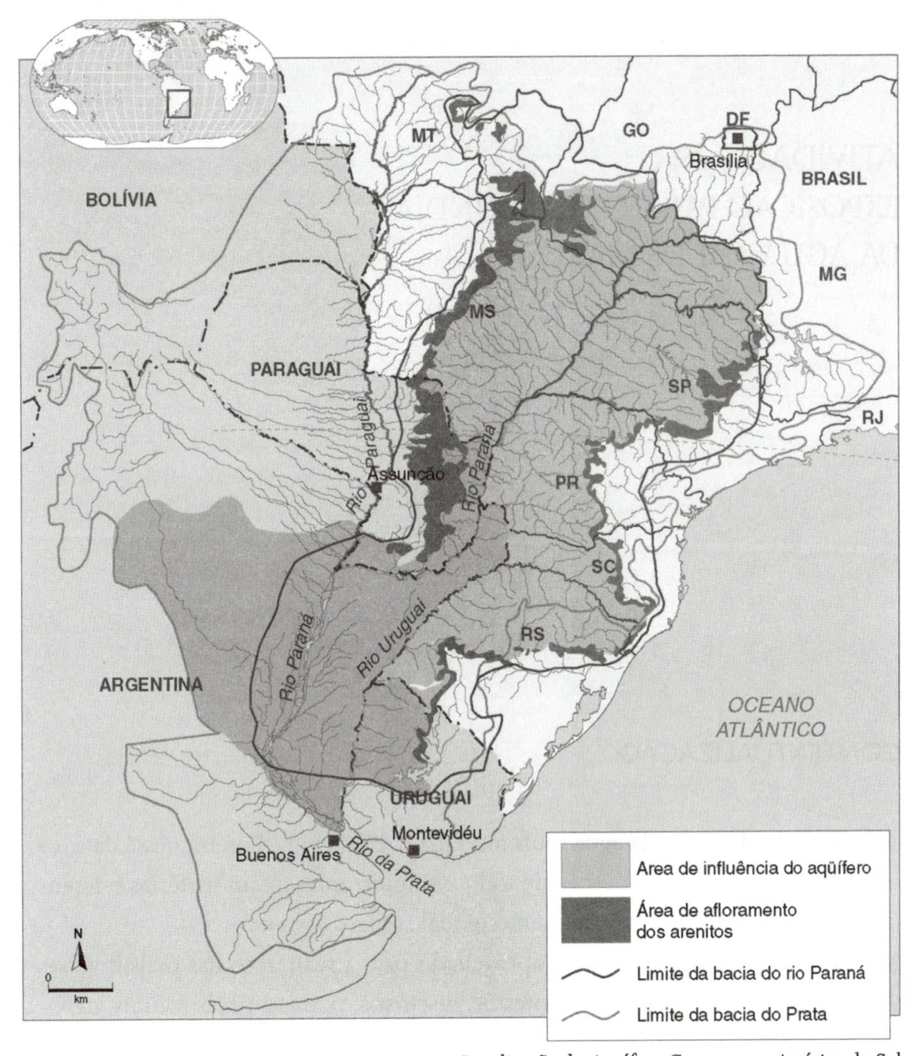

Localização do Aquífero Guarany na América do Sul

ATIVIDADE 29

EXPOSIÇÃO PARA O DIA MUNDIAL DA ÁGUA (22 DE MARÇO)

CONTEXTUALIZAÇÃO

Todo dia é dia da água, pois todo dia é dia da vida. Porém, nessa data, os meios de comunicação de todo o mundo apresentam matérias referentes ao tema. Há um envolvimento global sobre o assunto.

Esse momento deve ser aproveitado para a realização das mais diversas manifestações – passeatas, protestos, discursos, poesias, peças teatrais, exposições etc.

PROCEDIMENTOS

- A atividade deve reunir várias turmas, pois será necessário o envolvimento de muitas pessoas para realizar as mais variadas tarefas.
- O objetivo é promover uma exposição sobre o tema da água, enfatizando os seus múltiplos usos e importâncias.
- Representar o ciclo da água em cartazes ou por meio de uma maquete.

- Mostrar, em uma tabela e/ou gráfico, a disponibilidade de água no Brasil e no mundo.
- Mostrar, em tabela e/ou gráfico, a disponibilidade de água doce local.
- Mostrar o resultado do cálculo de disponibilidade de água doce por habitante (buscar os dados com a companhia de água da sua região).
- Para evidenciar a presença da água nos alimentos, reunir frutos e vegetais em uma mesa; grãos (milho, soja, amendoim e outros) e raízes comestíveis (inhame, aipim, mandioca, batata etc.) em outra mesa.

Alun@s e professor@s do Programa de Jovens e Adultos da Escola Thomaz Alves de Andrade, Programa de Jovens e Adultos, no povoado Mutumbo, Pedrinhas, Sergipe, montaram uma exposição dessa forma (Profa. Cátia Batista Lopes, Profa. Inaciene Rodrigues de Deus, Profa.Carmelita Neta de Abreu, Prof. José Oliveira de Souza e equipe).

Foto 14 – Exposição da Escola Thomaz Alves de Andrade, povoado Mutumbo, Pedrinhas (SE) – (Profa. Cátia B. Lopes e o autor)

Foto 15 – Frutos e água

Utilizando pequenas garrafas plásticas, reuniram as "diferentes águas":

- água potável (limpa);
- água mineral (sais);
- água de coco (saúde);
- água preta e cheirosa (café);
- água salgada (mar);
- água doce (rio);
- água benta (santa);
- água de bica (chuva);
- água de arroz (para doente);
- água com gás (gasosa);
- água sanitária (limpeza);
- água medicinal (chá);
- água suja (esgoto);
- água térmica (quente);
- água de joelho (xixi);
- água que passarinho não bebe (cachaça).

Foto 16 – *Água e águas, na mesma exposição escolar*

DISCUSSÃO

A questão básica: se a água é realmente tão importante, se está presente em quase tudo em nossas vidas, se dependemos tanto dela, por que a poluímos? Por que a desperdiçamos? Por que destruímos as nascentes?

Revela-se aqui que passamos por uma grave crise de percepção. Há a necessidade urgente de se promover um grande barulho e acordar as pessoas do seu sono pesado causado pela ignorância.

ATIVIDADE 30
EM SUA CIDADE EXISTE ALGUMA UNIDADE DE CONSERVAÇÃO?

CONTEXTUALIZAÇÃO

Unidades de Conservação são áreas definidas pelo poder público, com características ambientais relevantes, que se destinam à conservação.

São Estações Ecológicas, Reservas Biológicas, Parques, Áreas de Proteção Ambiental (APAs) e outros. Cada uma delas tem as suas próprias formas de organização e funcionamento.

Essas áreas são muito importantes para a proteção dos recursos naturais e para a manutenção e melhoria da qualidade de vida.

De forma geral, tais unidades têm como objetivo contribuir para a manutenção da diversidade biológica e de ecossistemas, proteger espécies ameaçadas de extinção, proteger recursos hídricos e paisagens naturais de notável beleza cênica e promover a educação ambiental. Proporciona ainda atividades de pesquisa e recreação em contato com a natureza.

No Brasil, o SNUC – Sistema Nacional de Unidades de Conservação é regido pela Lei 9.985 (julho, 2000) e pelo Decreto 4.340 (agosto, 2000).

Segundo essas orientações, as Unidades de Conservação são divididas em duas categorias:

I. **UNIDADES DE PROTEÇÃO INTEGRAL:** são Estação Ecológica, Reserva Biológica, Parque Nacional, Monumento Natural e Refúgio de Vida Silvestre;
II. **UNIDADES DE USO SUSTENTÁVEL:** são Área de Proteção Ambiental (APA), Área de Relevante Interesse Ecológico (ARIE), Floresta Nacional, Reserva Extrativista, Reserva de Fauna, Reserva de Desenvolvimento Sustentável e Reserva Particular de Patrimônio Natural.

As diretrizes e os objetivos de cada uma dessas áreas estão descritos no Anexo I deste livro.

PROCEDIMENTOS

- Buscar informações sobre as Unidades de Conservação existentes no município.
- Examinar as suas condições socioambientais: estão realmente protegidas? Há pessoal qualificado trabalhando lá? Existem equipamentos adequados e suficientes? Quais as ameaças à sua sustentabilidade? O que está sendo feito para resolver os problemas? Há participação da sociedade? Existem programas de Educação Ambiental sendo desenvolvidos? Existe Centro de Educação Ambiental? Há Plano de Manejo? (ver no anexo o que é Plano de Manejo). Há recursos financeiros suficientes para o desenvolvimento das suas atribuições?
- Se em sua cidade não houver Unidades de Conservação:
  - identificar áreas que poderiam ser transformadas em Unidades de Conservação (consultar o Anexo III para encontrar qual seria o tipo mais adequado);
  - encaminhar um ofício à Câmara Municipal solicitando que se iniciem os estudos para a implantação dessa unidade de conservação;
  - levar a sugestão a diferentes grupos sociais (agremiações culturais, esportivas, grupos religiosos, associações de bairro e outros).

DISCUSSÃO

É natural elegermos os nossos recantos favoritos dentro da cidade. Ficamos muito tristes e desapontados quando nos afastamos da nossa cidade por algum tempo e quando retornamos encontramos esses lugares em uma situação lastimável.

Aquela bela floresta desapareceu, o rio perdeu sua pureza, as nascentes foram aterradas e aquela cachoeira quase não tem mais água. Em lugar dos vales verdejantes e seus pequenos animais agora temos um conjunto habitacional, uma estrada ou um grande supermercado.

Tais frustrações com a perda da qualidade de vida poderiam ser evitadas se tivéssemos transformado aquelas áreas em unidades de conservação. As nascentes, os rios, as cachoeiras, os vales e os pequenos animais ainda existiriam para nossa alegria.

Para conter a fúria da ganância e da ignorância ambiental, a estratégia da transformação de áreas naturais em unidades de conservação têm surtido bons resultados.

Apesar das inúmeras ameaças – especulação imobiliária, caça, pesca e incêndios criminosos – elas ainda resistem.

O Brasil possui cerca de 5% do seu território em áreas protegidas por unidades de conservação. É muito pouco. Precisamos chegar a 15% para ficarmos, pelo menos, na média mundial.

ATIVIDADE 31
A CARTA ESCRITA EM 2090

CONTEXTUALIZAÇÃO

Vivemos um período tão grave de ameaças ambientais que se faz necessário lançar mão de apelos emocionais, como foi feito na década de 1970.

No passado, era a *Carta do Cacique Seattle* dirigida ao governo dos Estados Unidos, que tentava comprar as suas terras. Na verdade, aquele cacique nunca escreveu nenhuma carta; foi um poeta contemporâneo quem a escreveu. Seja como for, gerações foram embaladas pela pureza da sua mensagem.

Atualmente criou-se uma outra Carta-alerta, supostamente vinda do ano de 2090. De autor desconhecido, essa mensagem sofreu algumas modificações e você lerá uma versão. Trata-se de um texto incisivo, duro e que merece uma apreciação cuidadosa.

PROCEDIMENTOS

- Promover a leitura silenciosa e depois interpretada da *Carta escrita em* 2090.

CARTA ESCRITA EM 2090

Escrevo esta carta com uma profunda amargura e arrependimento. Estou sobrevivendo em condições precárias, em um mundo caótico, dominado pela fome, miséria, crime e desespero.

Hoje sou uma das pessoas mais idosas da minha comunidade, e tenho apenas 55 anos, mas a minha aparência é de alguém de 90 anos. A média de idade é de apenas 35 anos.

Respiramos um ar envenenado e o nosso alimento é 90% sintético. Muitas crianças jamais viram uma fruta.

Recordo quando tinha 10 anos. Tudo era muito diferente. Havia muitas florestas, rios e vales verdejantes. As casas tinham bonitos jardins e eu podia desfrutar de um longo banho de chuveiro. Agora usamos toalhas embebidas em azeite mineral para limpar a pele.

Antes, as mulheres mostravam as suas formosas cabeleiras. Agora, raspamos a cabeça para mantê-la limpa sem água.

Antes, meu pai lavava o carro com a água que saía de uma mangueira. Hoje as crianças não acreditam que utilizávamos a água dessa forma. Duvidam quando dizemos que algumas pessoas varriam calçadas e davam descargas em vasos sanitários com água potável. As piscinas são uma mentira, para elas.

Recordo que os ambientalistas diziam para CUIDAR DA ÁGUA, só que ninguém lhes dava atenção. Eram chamados de ecochatos, impediam o "progresso". Agora, todos os rios, barragens, lagoas e lençóis subterrâneos estão irreversivelmente contaminados ou esgotados.

Por falta de água, a rede de esgotos não funciona. O ar atmosférico é pútrido e nauseante. As doenças renais, as infecções gastrointestinais e as enfermidades da pele são as principais causas de morte. Com o ressecamento da pele, uma jovem de 20 anos parece ter 50.

A indústria está paralisada e o desemprego é dramático. As fábricas dessalinizadoras são a principal fonte de emprego e pagam os empregados com água potável em vez de salário.

Antes, a quantidade de água indicada como ideal para se beber era oito copos por dia, por pessoa adulta.

Hoje, só posso beber meio copo.

Os cientistas investigam, mas não há solução possível. Não se pode fabricar água. O oxigênio disponível na atmosfera foi drasticamente reduzido por falta de árvores. As novas gerações têm baixo coeficiente intelectual devido à escassez de oxigênio e de alimentos.

Alterou-se a morfologia dos espermatozoides de muitos indivíduos. Como consequência, há muitas crianças com deformações e insuficiências.

O governo até nos cobra pelo ar que respiramos: 137 m^3 por dia por habitante adulto. Quem não pode pagar é retirado das "zonas ventiladas", dotadas de gigantescos pulmões mecânicos que funcionam com energia solar. Não são de boa qualidade, mas se pode respirar.

Em alguns países restam manchas de vegetação com o seu respectivo rio, que é fortemente vigiado pelo exército. A água tornou-se um tesouro muito cobiçado, mais do que o ouro ou os diamantes. Com frequência há violência pela posse da água.

Aqui não há árvores porque quase nunca chove. E, quando chega a ocorrer uma precipitação, é de chuva ácida.

As estações do ano foram severamente transformadas pelas provas atômicas e pela poluição das cidades e das indústrias do século XX. Imensos desertos constituem as paisagens que nos cercam.

Advertiam que era preciso cuidar do meio ambiente, mas ninguém ouviu. A prioridade era ganhar dinheiro e comprar coisas. Destruíam as florestas dizendo que era para criar empregos e trazer o progresso.

Quando a minha filha me pede que lhe fale de quando era jovem, descrevo como eram belas as paisagens. Falo da chuva e das flores, do ar puro, da água cristalina, do prazer de tomar um banho em uma cachoeira e poder pescar nos rios e lagos, beber toda a água que quisesse. O quanto nós éramos saudáveis!

Ela pergunta-me:

– **Papai! Por que a água acabou?**

Então, sinto um nó na garganta!

Não posso deixar de me sentir culpado porque pertenço à geração que destruiu o meio ambiente, sem prestar atenção a tantos apelos.

Sinceramente, creio que a vida na Terra já não será possível dentro de muito pouco tempo porque a destruição do meio ambiente chegou a um ponto irreversível.

Como gostaria de voltar no tempo e fazer com que toda a humanidade entendesse isso. Deixasse de ser tão ignorante e pudesse mudar as coisas, enquanto ainda é possível...

Adaptação do autor de texto de domínio público, publicado na revista *Crónicas de los Tiempos*, Chile, abril de 2002.

DISCUSSÃO

Após a leitura, conduzir a discussão em torno de algumas indagações:

1. É possível chegarmos na situação descrita na carta? Promover um levantamento da porcentagem dos que acreditam e dos que não acreditam.
2. Quais os indicadores que temos, na atualidade, que nos fazem acreditar ou não, naquela situação?
3. Que medidas devem ser tomadas, na atualidade, para evitar aquele quadro catastrófico?

Qualidade sonora

ATIVIDADE 32
PRESERVAÇÃO DA QUALIDADE SONORA

O "Conforto Ambiental" de um dado lugar depende de vários fatores: boa iluminação, boa ventilação, ar puro, temperatura e umidade amena e níveis de intensidade sonora (ruídos) baixos.

De todos esses aspectos, a qualidade sonora dos ambientes é o que se tem dado menos atenção. Com isso, as cidades estão se tornando muito barulhentas. Estudos demonstram que o ser humano urbano está reduzindo a sua capacidade auditiva.

Os ruídos interferem em atividades humanas fundamentais como dormir, descansar, concentrar-se, ler e comunicar-se.

Ruídos elevados causam dilatação das pupilas, aumento dos batimentos do coração, contração dos músculos, vertigens, dores de estômago, redução da visão, tensão emocional, dificuldades respiratórias, insônia, nervosismo, estresse e outros males.

Assim, os níveis de intensidade sonora no ambiente urbano são fatores importantes para o conforto e a saúde das pessoas. A qualidade sonora de um ambiente é um patrimônio de todos e precisa ser preservada.

No Brasil, existem leis ambientais contra a poluição sonora.

PROCEDIMENTOS

FASE 1:

- Em sala de aula, pedir que se faça o máximo de silêncio possível.
- Pedir ao grupo que apure bem os ouvidos, com os olhos fechados, e permaneça assim durante um minuto.
- Durante esse tempo, prestar atenção em todos os ruídos que esteja ouvindo. Relatar para os colegas quantos ruídos conseguiu distinguir no ambiente, e qual a sua origem.

FASE 2:

- Fazer duas listas: uma, das fontes de ruídos encontradas dentro da escola; outra, das fontes externas.
- Preparar um mapa da escola, localizando essas fontes; preparar um mapa dos arredores, identificando as fontes (o mapa pode ser feito a lápis mesmo, apenas para se ter uma ideia da localização).
- Identificar alternativas de soluções para ambos.

FASE 3:

- Preparar o Relatório de Estudos Ambientais e encaminhá-lo à Direção da escola solicitando providências.
- Preparar outro relatório sobre as fontes externas e encaminhar um pedido de providências para as autoridades competentes (órgãos ambientais, prefeitura, setor ambiental, de saúde ou policial).

Exemplos de fontes de poluição sonora na escola: sistema de amplificação de som utilizado com excessivo volume; ventiladores antiquados, máquinas de escrever antigas, aparelhos de ar-condicionado obsoletos, cortadores de grama, pessoas falando muito alto, cadeiras sendo arrastadas, liquidificadores em uso, rádios... (a lista é interminável).

IMPORTANTE:

Solicitar cópias das leis ambientais sobre a poluição sonora no órgão ambiental da região ou buscar na internet nos *sites* *www.mma.gov.br* ou *www.ibama.gov.br*.

Se em sua cidade tiver órgão ambiental e este dispuser de um decibelímetro, convidar seus técnicos para efetuar medições do som na sua escola e arredores. Conhecer os estudos realizados sobre poluição sonora.

DISCUSSÃO

Se você não fizer valer os seus direitos, ninguém vai fazer isso por você. Todos temos o direito garantido de conforto ambiental. No Brasil, temos uma legislação ambiental específica sobre isso.

Por meio da Resolução 2, de 8 de março de 1990, o Conselho Nacional do Meio Ambiente (Conama) instituiu, em caráter nacional, o Programa Nacional de Educação e Controle de Poluição Sonora – Silêncio, com o objetivo de:

- divulgar os efeitos prejudiciais do excesso de ruídos;
- introduzir o tema "poluição sonora" nas escolas;
- promover cursos e capacitar pessoas; incentivar a fabricação de máquinas, motores, veículos e equipamentos mais silenciosos.

Observar a tabela:

NÍVEIS MÁXIMOS DE RUÍDO PERMITIDOS EM DIVERSOS AMBIENTES

AMBIENTES	PD	PN
Igrejas	35	35
Cinemas	45	45
Bancos	60	55
Sala de aula	45	45
Laboratório	45	45
Escritórios	50	50
Estúdios de rádio e tevê	35	35
Lojas comerciais	65	60
Hospital (centro cirúrgico)	45	45
Enfermaria	45	45
Corredores de hospitais	55	50

PD: Período Diurno (das 7 às 22 horas)
PN: Período Noturno (das 22 às 7 horas do dia seguinte)

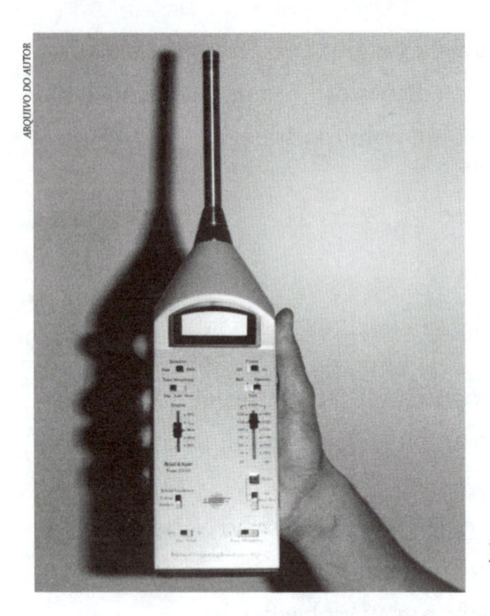
ARQUIVO DO AUTOR

Foto 17 – Decibelímetro

As medidas são tomadas por um aparelho chamado decibelímetro.

Os dados estão em decibéis (dB), unidade de intensidade sonora.

Em 2000, foi instituída a Norma Brasileira NBR 10151 estabelecendo os limites de ruído para ambientes externos:

TIPOS DE ÁREAS	PERÍODO DIURNO	PERÍODO NOTURNO
Áreas de sítios e fazendas	40	35
Área estritamente residencial urbana ou de hospitais ou de escolas	50	45
Área mista, predominantemente residencial	55	50
Área mista, com vocação comercial e administrativa	60	55
Área mista, com vocação recreacional	65	55
Área predominantemente industrial	70	60

A maior parte das pessoas ainda ignora o assunto. As nossas cidades se tornaram muito ruidosas; há uma grande dificuldade em se fazer valer as leis que protegem o conforto sonoro. A consequência disso é que todos perdem.

Por exemplo, aqueles "carros de som" que fazem propaganda são um atentado ao conforto sonoro. Avalia-se o grau de evolução de uma cidade, observando-se se ela permite ou não essa forma de publicidade inadequada para os dias de hoje.

Promova uma campanha com seus colegas e com a ajuda do professor conscientizando as pessoas a respeito dessa prática em sua cidade ou em seu bairro. Busque os órgãos ambientais e faça valer os seus direitos.

Outro exemplo de poluição sonora ocorre com os chamados "Trios Elétricos". Alguns chegam entre 110 a 130 dB, ou seja, o limiar da dor. São capazes de produzir surdez temporária e até permanente. O mesmo pode-se dizer dos excessos que se cometem nos sons dos carros, autênticos atestados públicos de desrespeito para com o outro.

Em pesquisa recente, foram verificados os seguintes resultados, em Brasília:

LOCAL	INTENSIDADE SONORA (dB)
Banco	79
Sala de aula	77
Hospital	78
Escritório	80
Loja (Shopping Center)	86

Qual a sua opinião sobre esses resultados?

O que podemos esperar que aconteça com a saúde das pessoas que trabalham naqueles locais?

Quais as providências que precisariam ser tomadas?

OS RUÍDOS E A SAÚDE

INTENSIDADE	REAÇÃO	EFEITOS NEGATIVOS	LOCAIS
Até 50 dB	Confortável (limite da OMS)	Nenhum	Rua sem tráfego
Acima de 50 dB	O ORGANISMO HUMANO COMEÇA A SOFRER IMPACTOS DO RUÍDO		
De 55 a 65 dB	A pessoa fica em estado de alerta, não relaxa	Diminui o poder de concentração e prejudica a produtividade no trabalho intelectual	Agência bancária em horário comercial
De 65 a 70 dB (início das epidemias de ruído)	O organismo reage para tentar se adequar ao ambiente, minando as defesas	Aumenta o nível de cortisona no sangue, diminuindo a resistência imunológica. Induz a liberação de endorfina, tornando o organismo dependente. Com isso muitas pessoas só conseguem dormir com o rádio ou a tevê ligados. Aumenta a concentração de colesterol no sangue	Bar ou restaurante lotado
Acima de 70	O organismo fica sujeito a estresse degenerativo, além de abalar a saúde mental	Aumentam os riscos de infarto, infecções, entre outras doenças	Praça de alimentação em shopping centers; ruas de tráfego intenso

Qualidade da informação

ATIVIDADE 33
PESQUISANDO A QUALIDADE DA INFORMAÇÃO

CONTEXTUALIZAÇÃO

Muitas vezes, o que lemos nos jornais e nas revistas representam apenas a opinião dos proprietários desses meios de comunicação. Os assuntos são tratados de acordo com os seus interesses. Nesses casos, raramente os interesses da comunidade são levados em consideração. A informação é manipulada para formar as opiniões de interesse próprio.

Outras vezes, as informações são voltadas apenas para aumentar o consumo, para estimular as compras e para impor padrões. Com frequência, a mulher é utilizada como objeto de promoção desse processo.

PROCEDIMENTOS

- Solicitar aos alunos que façam uma visita a uma banca de revistas, observem e façam as seguintes anotações:

– listar o título de 50 revistas (esse número é apenas sugestão);
– listar o conteúdo da capa (a imagem);
– listar os temas predominantes;

- Em sala de aula, trabalhar as seguintes questões:
  – qual a porcentagem dos temas?
  – qual o tipo de revista que predomina?
  – qual a imagem da capa que predomina?
  – qual a porcentagem de revistas que falam sobre o tema ambiental?

DISCUSSÃO

O que se pretende com esta atividade? A observação d@s alun@s normalmente revela que predominam revistas de fofocas, de sexo, de carros e de modas, dentre outras.

São poucas as revistas que contribuem para a formação cultural das pessoas, para a construção de valores humanos, para o aperfeiçoamento profissional, para o refinamento intelectual, o entretenimento sadio e a evolução espiritual.

A quem interessa essa situação? Temos uma imprensa que reflete uma opinião pública domesticada, ou uma opinião pública que reflete uma imprensa domesticada.

Revistas sobre a área ambiental têm tido vida curta. Não há muito interesse dos patrocinadores e anunciantes.

Nas capas, predominam as imagens de mulheres (como objetos), normalmente muito bonitas e muito magras.

Tenta-se impor um padrão estético irreal. Raramente aparecem pessoas gordinhas, idosas, negras ou "feias" (observe que a beleza é uma variável cultural, não há um padrão universal).

Nós, como consumidor@s, podemos mudar isso.

ATIVIDADE 34
O JORNAL DO DIA

CONTEXTUALIZAÇÃO

A mídia local é uma importante formadora de opinião. Ela tem uma grande responsabilidade sobre a qualidade de vida da região. Para tanto, precisa ser independente e estar em sintonia com os interesses da comunidade.

Rádios, jornais e outros meios de comunicação devem cumprir o seu importante papel social, divulgando informações que sensibilizem a comunidade para a sua realidade. Precisam estar conscientes tanto das belezas naturais que dispõe quanto das ameaças à sua qualidade de vida.

PROCEDIMENTOS

- Providenciar um jornal local do dia. Em seguida, identificar uma notícia sobre um dado problema ambiental.

- Nomear quatro grupos de alun@s para:
  - Grupo 1: identificar os sintomas desse problema;
  - Grupo 2: identificar as causas;
  - Grupo 3: identificar as consequências;
  - Grupo 4: identificar as alternativas de soluções.
- Cada grupo deve escrever, em um cartaz, o resumo da sua parte (utilizar letras grandes).
- Os cartazes devem ser afixados no quadro de giz, na sequência dada, para apreciação e comentários do grupo todo.

Obs.: se na cidade não houver um jornal local, utilizar jornais de cidades mais próximas, ou, em último caso, uma revista semanal.

DISCUSSÃO

Esta atividade traz para a aula um problema ambiental concreto. A escola precisa lidar com temas da sua realidade local. Às vezes, @s estudantes examinam problemas ambientais de comunidades distantes e não examinam a própria situação ambiental. A poluição do rio Tietê, em São Paulo, por exemplo, está sempre presente nos livros didáticos da região Centro-Oeste!

É importante que se estimule a prática da análise dos principais problemas ambientais locais, promovendo reflexões sobre as suas causas (responsabilidades e omissões) e os seus efeitos (consequências).

A partir dessa tomada de consciência, buscar identificar as alternativas de soluções para os problemas encontrados. Com isso vai se formando a consciência crítica sobre as questões socioambientais locais.

Nessa mesma atividade, deve-se aproveitar para analisar a frequência de notícias ambientais no veículo de comunicação social utilizado.

Vegetação, solo e vida

ATIVIDADE 35
CONHECENDO AS PLANTAS MEDICINAIS

CONTEXTUALIZAÇÃO

O Brasil possui uma das mais ricas diversidades de plantas do mundo. A maior parte ainda é desconhecida. Cada vez que destruímos partes das florestas, estamos destramando teias de interações e interdependências entre elementos dessa floresta, que ainda não conhecemos.

Estamos também destruindo recursos naturais que nem estudamos e poderiam ser soluções para muitos problemas nossos.

Muitas plantas estudadas por cientistas podem curar doenças. Existem pessoas que conhecem as ervas e raízes que curam (plantas medicinais). O saber dessas pessoas é um patrimônio cultural da comunidade, muito valioso, e precisa ser reconhecido e preservado.

PROCEDIMENTOS

O objetivo desta atividade é identificar, resgatar e valorizar o saber popular sobre as plantas medicinais locais.

- Convidar uma pessoa que conheça as ervas medicinais da região para uma apresentação na escola.
- Solicitar que ela traga, se possível, amostras das ervas medicinais (raízes, folhas, cascas e outros) e que explique para que servem as plantas demonstradas.
- Pedir que conte a sua história: como aprendeu sobre as plantas, quais as pessoas que influenciaram nessa aprendizagem e o que a levou a se interessar pela assunto etc.
- Se possível, cultivar, na escola, um viveiro de ervas medicinais, visando a distribuição de mudas e até mesmo a utilização das plantas na própria escola. Solicitar o auxílio d@s professor@s de Ciências ou Biologia, pessoas da comunidade ou de técnicos da Secretária de Agricultura do Estado ou do Município.

IMPORTANTE:

Preparar uma homenagem para a pessoa convidada.

DISCUSSÃO

Os especialistas em meio ambiente concordam que, quanto mais se estudam as relações entre os seres vivos e a relação deste com o planeta Terra, mais complexos e extraordinários os processos naturais se revelam.

O grau de interações e interdependências é inimaginável. O computador mais sofisticado é incapaz de simular uma milésima parte do processo que ocorre no interior de uma simples folha de árvore.

Pela observação e experimentação, nossos antepassados, ao longo de séculos, acumularam saber sobre a natureza. É fundamental que essa relação com a natureza seja resgatada e resguardada para gerações futuras.

ATIVIDADE 36
VAI VEGETAÇÃO, VEM EROSÃO

CONTEXTUALIZAÇÃO

Um terreno sem vegetação perde a sua proteção natural contra o calor do Sol e fica ressecado, ficando exposto à erosão. Ambos são inimigos mortais da fertilidade do solo.

Sem a proteção assegurada com a vegetação, as águas das chuvas carregam a terra do solo (areia, argila e matéria orgânica, principalmente) para o leito dos lagos e dos rios, tornando-os mais rasos, causando as inundações e seus prejuízos.

A retirada da vegetação nativa de uma região é uma das ações humanas que agride mais profundamente a natureza.

A poetisa Darci Girassol (Dyvia, Natal, RN) expressa assim essa constatação:

A ÁRVORE E O NINHO

Ramos floridos
Flores lilases
O ninho enfeita a árvore
A árvore enfeita o ninho

Pastora em seu caminho
Caminha tão de mansinho
Voa o passarinho!

Brincando de vaidade
O vento balança a árvore
A árvore balança o ninho
Tão bonito e tão suave.

RECADO

Não cortes a árvore, Senhor!
Te acolhe, te aninha
É farta sombra aos peregrinos

Não cortes a árvore, Senhor!
Um pássaro pousa – faz o ninho
Há canto, flores, frutos, aroma

É vida que não te pertence
Escalada de crianças travessas
Sono calmo do teu pranto.

PROCEDIMENTOS

O objetivo desta atividade é comprovar que a vegetação protege o solo.

- Encher com água duas garrafas plásticas de dois litros (PET).
- Escolher um local, próximo à escola, onde tenha uma área inclinada (barranco) com uma parte com vegetação e outra sem.
- Solicitar que duas pessoas despejem a água das garrafas sobre as duas áreas distintas ao mesmo tempo e a mesma altura.
- Observar e comparar os dois resultados.

Foto 18 – Efeitos da água no solo sem vegetação

DISCUSSÃO

A água despejada, na área coberta com vegetação, infiltra-se, é absorvida pelo solo. Apenas uma pequena parcela escorre. Na área sem vegetação, a água choca-se violentamente contra o solo desprotegido, deslocando a terra para as áreas mais baixas, causando erosão e assoreamento.

Esse simples experimento demonstra o drama socioambiental causado pelos desflorestamentos: erosão, perda da fertilidade do solo (a água carrega os nutrientes para as áreas mais baixas), assoreamento e inundações.

Outro aspecto: a retirada da vegetação causa ressecamento do solo. Com isso, o terreno pode transformar-se em areia e sofrer o processo de desertificação, um dos mais sérios problemas ambientais que a humanidade enfrenta. As áreas desérticas crescem a cada ano, em todo o mundo, fazendo desaparecer as terras férteis e agravando o problema da produção de alimentos.

ATIVIDADE 37
ARBORIZANDO CERTO

CONTEXTUALIZAÇÃO

A arborização adequada é muito importante para o conforto ambiental nas cidades. A vegetação reduz os extremos de temperatura, absorve ruídos, além de embelezar a paisagem.

Porém, a arborização mal planejada traz muitos transtornos ao ambiente urbano. Por exemplo: árvores que crescem muito alto prejudicam a rede elétrica; árvores com raízes horizontais racham calçadas e paredes e danificam tubulações subterrâneas de telefone, água e esgoto.

Há de se evitar também árvores que produzem frutos grandes, pois, ao cair, poderão atingir alguma pessoa que esteja passando. Além disso, quando os frutos caem no solo cimentado e lá apodrecem, sem ser absorvido pela terra, atraem insetos e proliferam fungos, que podem causar alergia a algumas pessoas mais sensíveis.

Assim, a arborização urbana deve atender a critérios técnicos bem definidos.

PROCEDIMENTOS

O objetivo desta atividade é entender como a arborização é feita e mantida em nossa cidade.

- Identificar qual é o órgão público responsável pela arborização na cidade.
- Convidar um técnico desse órgão para uma palestra na escola, para apresentar as seguintes questões:
  - Que porcentagem do orçamento é destinada à arborização urbana?
  - Quais as dificuldades encontradas?
  - Quais os critérios que o órgão utiliza para escolher as árvores a serem plantadas na cidade?
  - Quanto se planta por ano e quanto se destrói por ano?
  - Quais as metas?
  - De que forma as pessoas podem contribuir para o sucesso da arborização urbana?
- Aproveitar a visita do técnico e solicitar informações sobre a forma correta de plantar árvores.

DISCUSSÃO

Os critérios mais utilizados para selecionar árvores adequadas ao meio urbano são:

- Ser de espécie nativa (adaptada ao clima local).
- Plantar várias espécies para manter a diversidade florística da região (a diversidade aumenta a estabilidade ecossistêmica e reduz a ocorrência de pragas e doenças).
- Ter porte adequado ao local escolhido. Espécies de grande porte devem ser plantadas em locais de lazer público (praças, áreas verdes, bosques e outros).
- Produzir frutos pequenos e silvestres (para atrair aves nativas).
- Ter desenvolvimento rápido.
- Não ter princípios alérgicos ou tóxicos e não apresentar espinhos.

- Evitar espécies que precisem de podas frequentes.
- Evitar o plantio de árvores frutíferas comestíveis pelas pessoas. Os frutos causam danos ao cair, decompõem e atraem muitos insetos. Produzem excesso de grãos de pólens e facilitam a proliferação de fungos (alergias).

Apesar dessas orientações, ainda permanecem hábitos incorretos quando se trata de arborização urbana. É o caso da insistência em se plantar o fícus, reconhecidamente inadequado, pois essa árvores necessitam de espaço porque suas raízes se expandem horizontalmente, chegando a quebrar as calçadas. Por essa razão, essa árvore só deve ser plantada em lugares amplos (praças, parques), nunca sobre calçadas muito estreitas.

Esses hábitos equivocados vão passando de uma geração para outra, sem questionamento ou contestação.

Outro hábito condenável e de gosto estético duvidoso é o de pintar o tronco das árvores de branco. Essa prática, além de não evitar o ataque de pragas, como se acredita, afeta a capacidade de transpiração do tronco, prejudicando seriamente o desenvolvimento da árvore.

Mas, como contraponto, há setores preocupados com saúde ambiental que procedem de modo correto. No Brasil, vale ressaltar o importante trabalho que vem sendo feito, nesse sentido, pelo setor de distribuição de energia elétrica.

Cabe destacar a Coelba – Companhia de Eletricidade do Estado da Bahia, que, por meio da sua Unidade de Meio Ambiente, vem desenvolvendo um trabalho muito interessante sobre a arborização urbana. Consultar o seu Guia de Arborização Urbana (2002, 55 p.). Visitar *www.coelba.com.br*.

ATIVIDADE 38
QUANTAS ÁRVORES SÃO NECESSÁRIAS PARA PRODUZIR LIVROS?

CONTEXTUALIZAÇÃO

O consumo de madeira e de papel é um dos exemplos mais claros de como cada pessoa contribui para as alterações ambientais globais. Quanto mais se consome madeira e papel, mais florestas precisam ser derrubadas. Quanto mais se desfloresta, menos gás carbônico é absorvido, aumentando o efeito estufa, causando mudanças climáticas que resultam em inundações, secas, doenças e outros prejuízos para os seres vivos.

Temos, então, que deixar de usar papel? Não! Temos de usá-lo de forma racional, evitar o desperdício e reciclá-lo.

A reciclagem reduz bastante o corte de árvores, a poluição atmosférica, a poluição dos rios, o consumo de energia elétrica e de água (para produzir 1 kg de papel são gastos 26 litros de água).

É necessário que o processo de reciclagem de papel seja incluído nos nossos hábitos cotidianos. Uma medida importante seria a proibição, por Lei, do despejo de papel nos aterros (enquanto o processo de Educação Ambiental se desenvolve).

CONSUMO DE PAPEL NO MUNDO	
PAÍS CONSUMO *PER/CAPITA*	(KG/ANO)
Estados Unidos	317,0
Brasil	51,0*
Índia	2,0
Média mundial	50,0
Média dos países em desenvolvimento	18,0

* Aracruz Celulose, CC (1997).
Fontes: Wackernagel e Rees (1996, p. 85) e Worldwatch Institute (2000, p. 80).

PROCEDIMENTOS

Esta atividade objetiva demonstrar a relação entre o consumo de papel e o número de árvores necessárias para produzi-lo (pressão ambiental causada pelo consumo de papel).

Será necessário dispor de uma balança.

- Medir o peso de todos os livros e cadernos de todos os colegas na sala de aula.
- Quantas árvores seriam necessárias cortar para fabricar todos aqueles livros e cadernos? Para calcular, usar a seguinte relação:

Para cada 50 kg de papel, uma árvore adulta

- Sabendo os gastos da sua sala de aula, multiplicar pelo número de turmas da escola e obter uma estimativa de consumo da escola.
- Baseando-se na média de consumo brasileiro (ver tabela acima), calcular quanto a população da sua cidade consome de papel e quantas árvores são necessárias para manter esse consumo.
- Fazer uma lista das formas de racionalizar o consumo de papel.
- Se em sua cidade ainda não tem coleta seletiva de papel para reciclagem, examinar as causas dessa omissão e as suas soluções.

DISCUSSÃO

A coleta seletiva para reciclagem de papel, além das vantagens já apresentadas, também gera empregos e, consequentemente, renda. O ideal seria que as prefeituras apoiassem as cooperativas de recicladores, pois elas procuram resolver problemas ambientais e sociais.

Outro aspecto a ser trabalhado nessa atividade é a forma como os países ricos se apropriam dos recursos naturais no mundo. Examinando a tabela anterior, podemos perceber as diferenças extremas de apropriação dos recursos naturais feita pelas nações ricas, para sustentar os seus padrões de consumo. Um norte-americano consome seis vezes mais papel que um brasileiro. Para manter os níveis adequados de consumo, mais áreas naturais nos países pouco desenvolvidos são convertidas para plantações de eucalipto ou afins.

Durante muito tempo a produção de papel de muitos países ricos era sustentada por meio da devastação da Amazônia (exemplo: Projeto Jari).

Hoje, as fábricas brasileiras de papel apresentam formas de produção bem desenvolvidas, dispondo de planos adequados de gestão ambiental. Utilizam árvores das suas próprias plantações (florestas de manejo). Exemplo: Bahia Sul Celulose.

Muitas empresas privadas já incorporaram o uso de papéis reciclados no seu cotidiano.

ATIVIDADE 39
A LUZ DA VIDA

CONTEXTUALIZAÇÃO

Estamos tão acostumados com o Sol presente durante todo o ano que raramente paramos para apreciar a beleza de um amanhecer ou de um entardecer. Muitas vezes, só lembramos dele quando estamos irritados com o excesso de calor em pleno verão escaldante.

Na escola, raramente a importância do Sol é mencionado em nossas reflexões sobre a vida.

Sabemos que a vida na Terra depende dele. A sua energia viaja 350 milhões de quilômetros e chega à Terra, aquecendo-a e proporcionando um clima onde a vida se desenvolver.

Essa energia é captada pela vegetação, que a transfere para os consumidores primários. Sem o Sol, a Terra seria um planeta congelado, escuro, inóspito e triste.

PROCEDIMENTOS

Neste experimento vamos demonstrar a importância da luz solar para a vida das plantas (e dos demais seres vivos).

- Localizar nas proximidades da escola uma planta que tenha folhas largas.
- Recortar pedaços de papelão escuro (3 cm/3 cm);
- Afixar alguns sobre as folhas com um clipe, conforme a figura abaixo.

Figura 7 – Folha com papelão e clipe

- Deixar por quatro dias.
- Remover o papelão cuidadosamente, após o quarto dia.
- Observar o que ocorreu com a parte da folha que ficou coberta pelo papelão.
- Discutir em sala os efeitos da falta de luz para os vegetais e para os seres que dependem dos vegetais.
- Discutir a influência da poluição atmosférica na presença de luz sobre a vegetação e sobre a saúde das pessoas.

ATENÇÃO:

Esse experimento apresenta melhores resultados se for conduzido em dias claros, com pouca nebulosidade.

DISCUSSÃO

O ar puro de uma região permite que a radiação solar chegue diretamente à vegetação, realizando a fotossíntese e aquecendo a Terra, favorecendo, assim, a ocorrência de inúmeros processos bioquímicos que sustentam a vida.

Por outro lado, em lugares onde a poluição atmosférica é muito intensa, parte da luz solar fica retida nas partículas em suspensão, ou no excesso de gases, ficando impedida de chegar às plantas, prejudicando o seu desenvolvimento.

No experimento conduzido, o pedaço de papelão representa a poluição. A parte das folhas que ficou sob o pedaço de papelão sofre uma alteração na cor, indicando um grave distúrbio no metabolismo da folha, impedida de processar a fotossíntese. O escurecimento da folha indica o início de um colapso energético, que fatalmente levaria a folha à morte prematura.

Recomenda-se que seja procedido o acompanhamento do processo inverso. Ou seja, acompanhar a recuperação da parte afetada da folha, após a retirada do papelão. Observar que a recuperação é muito mais demorada. Isso deixa a seguinte lição: degrada-se muito rapidamente, recupera-se muito lentamente (quando há recuperação). A melhor política é a prevenção.

ATIVIDADE 40
A SEQUÊNCIA DA VIDA

CONTEXTUALIZAÇÃO

Como já foi dito, a natureza nos dá sinais o tempo todo, em todos os lugares que estamos. Essa comunicação inicia-se já em nosso corpo, por meio das sensações e se estende a inúmeros mecanismos que permitem a vida na Terra.

Os cheiros que chegam com a chuva. O formato das árvores, das folhas, dos frutos. As cores das sementes, das flores, do solo, das aves, do amanhecer e do entardecer. Tudo diz alguma coisa.

Na verdade, a natureza dispõe da mais complexa e intrincada rede de comunicações. Os mecanismos que existem em uma simples folha tornam primária toda a nossa tecnologia de comunicação.

PROCEDIMENTOS

- Encontrar, nas proximidades da escola, árvores que tenham folhas largas.
- Coletar folhas caídas que estejam em diferentes etapas de decomposição, assim: uma folha que acabou de cair, ainda esverdeada; outra com algumas manchas amareladas; outra totalmente amarelada; outra já escurecida; outra completamente escurecida; outra escurecida e completamente seca; outra seca e com falhas; outra apenas o "esqueleto" das nervuras.
- Levar dois conjuntos de folhas para sala de aula:
  – Fazer a sequência da decomposição (veja foto);
  – Preparar uma exposição.

Foto 19 – Sequência de folhas em suas etapas de decomposição (da esquerda para a direita)

- Promover uma reflexão sobre o ciclo da vida: início, infância, adolescência, fase adulta, velhice e morte.
- A título de brincadeira, perguntar em que parte da sequência a pessoa se encontra. Na verdade, em nenhuma parte, pois ainda estamos vivos, não nos destacamos da "árvore" ainda.

Quando as folhas são "desligadas" dos ramos das árvores e caem, inicia-se o processo de decomposição. Imediatamente os fungos começam a agir. As manchas escurecidas dão o sinal de sua atividade. Em poucos dias, as cores desaparecem e a folha escurece, começando a soltar os pedaços que voltam a fazer parte do solo. Aí, então, recomeça-se o ciclo da vida.

A "morte", representada na sequência pela folha em fase final de decomposição, representa, na verdade, o início de outra etapa. As substâncias que formavam a folha agora fazem parte do solo e participam da nutrição das árvores que vão gerar novas folhas, iniciando outro ciclo.

Porém, nas escolas, evita-se falar da morte, como se fôssemos "treinados" para pensar que somos "eternos". O ciclo vital não é discutido, apenas apresentado. Com isso, vivemos como se não fôssemos morrer um dia e não fizéssemos parte desse processo. Como se fôssemos a última geração a viver sobre a Terra e, quando morremos, acaba tudo.

Assim, pensamos muito em nós mesmos e pouco nos outros. A competitividade é estimulada a cada tarefa escolar e o senso de pertencimento a uma comunidade que precisa ser cooperativa se dilui.

Conservação do patrimônio histórico-cultural local

ATIVIDADE 41
MEMÓRIA VIVA

CONTEXTUALIZAÇÃO

Tudo muda o tempo todo. Nada no universo está parado. Vivemos em um mundo em constante transformação.

O clima, a vegetação e até a "fisionomia" da cidade em que vivemos estão passando por mudanças nesse exato momento.

Essas mudanças precisam ser percebidas e compreendidas. Para tanto, o resgate do passado é fundamental.

Com frequência ouvimos falar que "o povo tem memória curta". A história de um povo, de uma região ou cidade, não pode ser esquecida. Povo que não tem raízes culturais, tradições e conhecimentos preservados do passado produzem um presente confuso e um futuro duvidoso.

É muito importante conhecer como era a nossa cidade para termos uma ideia do que melhorou ou piorou. O que melhorou, pode continuar nesse processo. O que piorou, precisa ser repensado e modificado.

É preciso ouvir as pessoas que vivem na cidade há mais tempo. Os seus depoimentos são documentos vivos que precisam ser reconhecidos e guardados.

PROCEDIMENTOS

- Convidar um morador antigo para conversar com os estudantes, na escola. Não se trata de uma palestra, mas de um bate-papo informal.
- Solicitar que ele fale como era a cidade no passado; como era o clima, o tamanho da população, a vegetação, os animais que existiam (se existiam), as frutas, as condições dos rios, das nascentes. Enfatizar os costumes, as festas, as tradições. Como as pessoas se divertiam. Como eram os meios de transporte, a educação, o atendimento à saúde, a prática de esportes. Havia violência? Havia poluição?
- Saber sobre os locais históricos, prédios, monumentos ou outro elemento que julgue importante ser preservado.
- O que melhorou? O que piorou? O que mais sente falta? Do que existe hoje, do que mais gosta e do que não gosta? Saber dessa pessoa como ela gostaria que fosse a cidade hoje.

IMPORTANTE:

Preparar uma homenagem à pessoa convidada, como forma de reconhecimento da sua importância para a comunidade.

DISCUSSÃO

Esta atividade visa valorizar a memória e aprender com o passado.

As pessoas que vivem há mais tempo nas cidades conhecem muito bem a sua história. Elas sabem como eram as ruas, o trânsito, as áreas verdes, as praças e os prédios públicos. Recordam do clima, das frutas mais abundantes e dos animais que encontravam facilmente.

Lembram também dos costumes, das músicas, das festas e dos hábitos, da maneira de viver.

Elas são pessoas muito importantes para a comunidade e devemos aprender a reconhecer seu valor.

Ao relatar a sua experiência, deve-se atentar para as razões das mudanças ocorridas. Examinar as causas e consequências. Identificar as saídas.

ATIVIDADE 42
PERCEBENDO AS MUDANÇAS PELAS IMAGENS

CONTEXTUALIZAÇÃO

Existe um princípio da Ecologia Humana que diz: se uma rã é colocada em uma panela com água quente, ela salta imediatamente para fora; se a rã é colocada em uma panela com água fria e o aquecimento for gradual e lento, pode até suportar temperaturas elevadas, sem esboçar qualquer reação.

O mesmo acontece com o patrimônio histórico-cultural e com a qualidade de vida de uma população. Muitas vezes, a degradação socioambiental ocorre de forma lenta, porém contínua e crescente. Com isso, a comunidade leva muito tempo para perceber as ameaças e a esboçar reações.

O processo de Educação Ambiental deve oferecer os meios para ampliar a percepção das pessoas, fazendo com que elas identifiquem as ameaças e organizem suas respostas adaptativas, em defesa da sua qualidade de vida e de seus descendentes.

Foto 20 – Praça dos Três Poderes, Brasília, em 1959

Foto 21 – Praça dos Três Poderes, Brasília, em 2005

PROCEDIMENTOS

O objetivo desta atividade é promover comparações entre diferentes épocas, por meio de fotografias.

- Trazer de casa fotografias antigas da sua cidade, bairro ou rua.
- Selecionar as fotos mais expressivas e identificar os locais que aparecem nelas.
- Organizar uma caminhada-visita pelos locais vistos nessas fotos.
- Fotografar esses locais, buscando o mesmo ângulo da fotografia antiga.
- Na escola, comparar as imagens antigas com as atuais.
- Ao fazer a comparação entre as duas fotografias do mesmo local, observar: o que melhorou? O que piorou? Quais as causas e consequências dessas mudanças? Quais as alternativas de soluções?
- Preparar uma exposição com as melhores comparações fotográficas e convidar a comunidade e os meios de comunicação social para vê-la.

IMPORTANTE:

Tome muito cuidado e carinho com as fotografias antigas. Elas devem retornar aos seus donos tão logo as atividades sejam encerradas.

DISCUSSÃO

Os chineses já diziam que uma imagem vale por 5 mil palavras.

Fotos de um mesmo lugar, feitas em épocas diferentes, podem revelar tendências muito importantes para a vida da comunidade. Tais tendências precisam ser identificadas, compreendidas e examinadas as suas consequências.

A comparação fotográfica pode revelar, por exemplo, uma tendência à perda de áreas destinadas a lazer, esportes, parques e outros, transformadas em áreas comerciais; pode demonstrar o desrespeito ao patrimônio histórico-cultural ao identificar construções importantes sendo demolidas ou deterioradas.

ATIVIDADE 43
IDENTIFICANDO O PATRIMÔNIO HISTÓRICO-CULTURAL LOCAL

CONTEXTUALIZAÇÃO

Quando olhamos fotografias dos nossos avós, podemos notar que algumas casas ali retratadas ainda existem. Até mesmo aquela árvore na frente da casa.

Muitas vezes, esses patrimônios identificados encontram-se, na atualidade, ameaçados pela pressa do "progresso".

Igrejas, casas históricas, monumentos ou qualquer outra manifestação física que encerre valor histórico precisam ser preservados.

PROCEDIMENTOS

Esta atividade tem como objetivo identificar elementos do patrimônio histórico-cultural local e promover a sua preservação.

- Identificar na comunidade casas ou conjuntos de casas, florestas, praças, árvores antigas etc. que tenham significado histórico e precisam ser preservadas.
- Iniciar na escola uma campanha de mobilização para preservar as áreas identificadas.
- Associar-se com entidades de classe (sindicatos, associações de moradores, grupos religiosos etc.) para promover a sua preservação.
- Encaminhar às autoridades e à imprensa o Relatório de Estudos Ambientais feito pelos alunos.

ARQUIVO DO AUTOR

Foto 22A – Patrimônio histórico-cultural (Universidade Federal do Paraná e o pinheiro-do-paraná, Curitiba)

ARQUIVO DO AUTOR

Foto 22B – Matriz de São José, Pedrinhas (SE)

Foto 22C – Sergipe (A Pedra do Baixão)

Foto 22D – Rio Grande do Sul (casa típica)

DISCUSSÃO

Um povo que não preserva o seu patrimônio histórico-cultural perde as suas raízes e, com isso, a sua identidade. Povo sem identidade vive como macacos em zoológicos, apenas imitando o que os outros fazem.

Os nossos vaqueiros originais não usam grandes fivelas e botas de bico fino. O que está acontecendo com os trajes dos nossos vaqueiros é um exemplo de perda da identidade.

Outro exemplo: em sua rede de lanchonetes espalhadas pelo mundo, a McDonald's, em 2004, obteve um lucro de 730 milhões de dólares, em três meses. Nossas crianças estão obesas (ao lado do contingente de esfomeados).

O resgate do patrimônio histórico-cultural é estratégico para promover a autoestima e o reconhecimento dos valores locais, elemento essencial para a sua preservação.

Proteção ambiental

ATIVIDADE 44
CONHECENDO UM RIMA

CONTEXTUALIZAÇÃO

Como já dissemos, o Brasil possui um conjunto de leis ambientais bastante avançadas. Temos leis federais, estaduais e municipais.

Se alguém quer instalar uma fábrica, construir um condomínio ou uma estrada, por exemplo, tem de solicitar o licenciamento ambiental. Ou seja, tem de ir ao órgão ambiental e mostrar os seus projetos, demonstrar o que irá consumir (água, energia elétrica, matérias-primas etc.), os resíduos que irá gerar (sólidos, líquidos e gasosos), os danos ambientais que poderá causar e as medidas para evitar qualquer prejuízo.

Para construir, instalar ou ampliar e fazer funcionar qualquer atividade que utilize recursos naturais é necessário obter a licença ambiental.

Existem três tipos de licença:

- LP (LICENÇA PRÉVIA) é solicitada quando o interessado apresenta o local onde será instalada a atividade. Reúne informações gerais sobre o projeto, em sua fase preliminar.

- LI (LICENÇA DE INSTALAÇÃO) quando o interessado apresenta o projeto detalhado.
- LO (LICENÇA DE OPERAÇÃO) quando o órgão ambiental autoriza o início de funcionamento da atividade. Essa licença tem prazo de validade, a depender do tipo de atividade. Se houver desobediência às leis ambientais, a licença pode ser suspensa.

Quando necessário, órgãos ambientais exigem estudos sobre o ambiente onde um empreendimento vai ser instalado.

Devem ser feitos então os Estudos de Impacto Ambiental, ou EIA, e o seu Relatório de Impacto Ambiental, ou Rima.

Os EIA são estudos completos sobre o ambiente onde o empreendimento vai ser instalado, os seus efeitos etc. O Rima é um relatório resumido dos EIA e destina-se à população em geral. Ou seja, ele fica à disposição das pessoas no órgão ambiental, para que elas possam ler e ficar sabendo se aquele projeto é prejudicial ou não à sua comunidade. O Rima é escrito numa linguagem bem simples.

A comunidade pode participar da Audiência Pública (um tipo de "julgamento socioambiental do projeto") e opinar sobre o projeto.

PROCEDIMENTOS

Nessa atividade, vamos saber como funciona o sistema de licenciamento ambiental da sua cidade ou no seu Estado.

- Convidar um técnico do órgão ambiental para vir à escola, trazendo alguns exemplares de Rimas.
- Solicitar explicações sobre os Rimas; falar sobre a importância da participação popular na Audiência Pública.
- Aproveitar a presença do técnico e solicitar também que apresente, de forma resumida, as principais atividades do órgão ao qual pertence e os principais problemas ambientais da região (e como estão sendo tratados).

DISCUSSÃO

O Sisnama – Sistema Nacional de Meio Ambiente, no Brasil, é formado pelo conjunto de órgãos federais, estaduais e municipais de meio ambiente.

Tais órgãos possuem conjuntos de leis e processos que permitem sua atuação na gestão ambiental pública.

Temos uma legislação ambiental moderna e inovadora. Entretanto, sem a participação das comunidades, das pessoas, das ONGs e outros setores da sociedade, esses órgãos, sozinhos, são sufocados pela pressão de grupos de interesses econômicos e políticos.

Nenhum órgão ambiental vai conseguir fiscalizar tudo. A participação das pessoas é fundamental. É necessário reclamar e fazer valer seus direitos, ir à luta, organizar-se, ousar.

ATIVIDADE 45
VISITANDO INDÚSTRIAS LIMPAS

CONTEXTUALIZAÇÃO

Na década de 1970 a poluição industrial no mundo, e no Brasil, atingiu níveis catastróficos. Muitas pessoas morreram envenenadas, muitas crianças nasceram defeituosas.

Na atualidade, o quadro está diferente. As indústrias aperfeiçoaram os seus processos de produção, desenvolvendo cuidados especiais com a saúde, a segurança das pessoas e com o meio ambiente.

As empresas brasileiras têm se destacado no cenário mundial como uma das mais evoluídas e criativas em termos de gestão ambiental.

Gestão ambiental, em uma empresa, significa cuidados nas suas atividades para evitar o desperdício e a poluição (ecoeficiência).

As indústrias que ainda poluem são aquelas cuja administração ainda não têm responsabilidade socioambiental. Conduzem seus trabalhos pensando apenas no lucro, como se ainda estivessem na década de 1970.

PROCEDIMENTOS

Esta atividade objetiva promover uma visita a uma empresa que apresente gestão ambiental em suas atividades.

- Identificar, na cidade, empresas que possuam gestão ambiental implantada (que tenha, por exemplo, coleta seletiva, conservação de energia, racionalização de uso de combustíveis fósseis e água, reuso da água, compostagem, reaproveitamento de resíduos, emissão zero e outros).
- Consultar a empresa e agendar uma visita.
- Durante a visita, indagar sobre os benefícios que a empresa recebe em proteger o ambiente.
- Na escola, preparar algum tipo de premiação para a empresa e entregar aos responsáveis ao final da visita.
- Solicitar cartazes para serem afixados na escola, como forma de reconhecer, divulgar e apoiar, empresas que operam de forma ambientalmente corretas.

DISCUSSÃO

Empresas que poluem dão um exemplo público de incompetência. Toda poluição é resultado de desperdício e má administração.

Com a gestão ambiental, todos ganham. O meio ambiente protegido oferece uma qualidade de vida melhor. A empresa minimiza seus custos, aumenta a sua competitividade e valoriza a sua imagem.

Temos muitos exemplos de empresas brasileiras que são referência em gestão ambiental. A Deten Química Ltda., do Polo Petroquímico de Camaçari, Bahia, é um exemplo. Ela desenvolveu processos eficientes de segurança, saúde e meio ambiente que a colocou em posição de destaque no cenário industrial nacional.

O Sebrae tem um excelente serviço de orientação técnica para a implantação de planos de gestão ambiental nas empresas brasileiras.

Infelizmente, nem todos os países apresentam o mesmo desempenho que o Brasil. A China, por exemplo, está mergulhada numa crise profunda de degradação ambiental, afetando a saúde de milhões de pessoas. Veja um resumo:

- 700 milhões de pessoas estão bebendo água contaminada por fezes;
- 85% dos rios não têm mais peixes;
- 70% dos cânceres estão relacionados à degradação ambiental;
- 1/3 do seu território recebe chuva ácida;
- 66% das cidades têm falta d'água crônica;
- 150 milhões de pessoas precisarão ser deslocadas de suas áreas por falta de água e de solo produtivo (refugiados ambientais).

Justamente esse país é apresentado pela mídia como um "exemplo" de desenvolvimento econômico a ser seguido!

Expressão artística

ATIVIDADE 46

AS ARTES DA NATUREZA

CONTEXTUALIZAÇÃO

A natureza é a maior fonte de inspiração para a expressão artística. Suas simetrias e infinitas combinações de cores e formas, aromas e sons são fontes contínuas de estímulos para a criação de obras de arte – pinturas, esculturas, composições musicais e outras.

Muitos artistas utilizam materiais da natureza nos seus trabalhos. Muitos desses materiais são troncos de árvores queimadas em incêndios florestais, galhos retorcidos, frutos secos caídos, rochas, palhas e outros, que a sensibilidade artística transforma em peças de arte.

PROCEDIMENTOS

- Sugerimos que seja feita uma caminhada pelos arredores da escola, procurando materiais naturais (sementes, frutos secos, galhos secos caídos, troncos e outros) que possam ser transformados em objetos de arte.

- Cada alun@ possui uma tendência artística e científica própria. Oriente-os a fazer, então, o que acharem mais de acordo com a sua vontade, habilidade e competência.
- Preparar uma exposição dos trabalhos realizados.

DISCUSSÃO

Pessoas imbuídas do espírito artístico não promovem guerras, não destroem florestas. Pelo contrário, elas buscam a estética da paz. A arte faz cócegas na sensibilidade e promove a sintonia fina com a vida.

Sem a arte o ser humano teria uma vida previsivelmente insossa, sem brilho e sem a graça do deboche, do riso contra a sisudez dos sistemas, perdidos em sua esterilidade.

PARTE III

Expressões da sustentabilidade humana

É importante refletir sobre o nosso atual estilo de vida. Sabemos que é necessário mudar alguns hábitos e adquirir outros mais sustentáveis.

ATIVIDADE 47
O "ORÇAMENTO" DO TEMPO

CONTEXTUALIZAÇÃO

Uma das frases mais infelizes que as gerações passadas nos deixaram foi "Tempo é dinheiro" (*Time is money*).

Tempo é vida! O tempo deveria ser gasto de forma pensada, equilibrada. Ocupar a maior parte do tempo buscando apenas ganhar dinheiro é a maneira mais estúpida de "gastar" o tempo. O resultado é sempre o mesmo: perda da saúde, afastamento da família e dos amigos e aquela sensação de que se correu muito para nada.

Há de se manter vigilância sobre a forma como estamos utilizando o nosso tempo, de modo a não perdermos qualidade de vida.

Como você gasta seu tempo? Será que estamos empregando bem o nosso tempo? Saber distribuir bem as atividades ao longo do dia é uma arte. Cada vez mais as pessoas precisam estar atentas para isso.

Por outro lado, a qualidade do ambiente interfere na forma como "gastamos" nosso tempo. Cidades mal planejadas, por exemplo, roubam muito tempo das pessoas nos intermináveis engarrafamentos. Em cidades poluídas as pessoas adoecem mais e ficam por mais tempo inativas.

PROCEDIMENTOS

Nesta atividade, vamos descobrir como estamos utilizando o nosso tempo.

- Solicitar que, em metade de uma folha de papel (tamanho ofício), seja traçada uma cruz (10 cm cada traço). Em seguida, traçar um x sobre a cruz, como no modelo abaixo. Cada "braço" da figura deverá ser dividido em dez partes iguais e numerado de 0 a 10, a partir do centro.

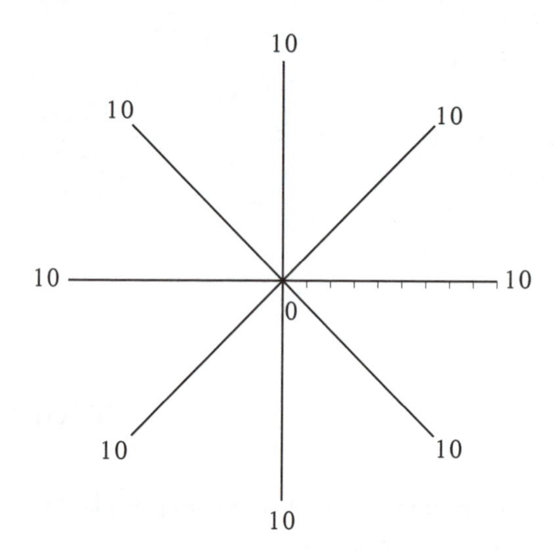

- Em seguida, em cada um dos oito "braços" da figura você dará notas, de 0 a 10, a cada uma das situações apresentadas abaixo. Pode ser iniciado por qualquer um dos "braços". Ao dar a nota, marcar um x sobre a marca respectiva no "braço".

EXEMPLO: Digamos que você atribuiu nota 4 a uma dada atividade. Então, em um dos "braços", você vai marcar um x sobre a marca 4, assim:

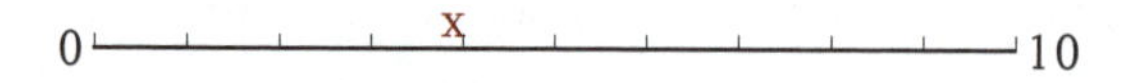

- Esse procedimento será o mesmo para os sete "braços" seguintes.

Então vamos à atividade:

- Que nota você atribui ao tempo semanal que dedica para:
  1. Sua evolução espiritual?
  2. Estar com as pessoas que ama?
  3. Praticar o seu passatempo (*hobby*) favorito?
  4. O lazer?
  5. Cultivar amizades?
  6. Trabalhar?
  7. O aperfeiçoamento intelectual?
  8. Cuidar da saúde?
- Em seguida, unir todos os xis marcados nos oito "braços", de modo a aparecer uma figura. A forma dessa figura será analisada.

DISCUSSÃO

A figura formada não pode ter muitas pontas. Ela deve ter um formato que possa girar, como uma roda (com um raio maior que sete). Uma figura como a demonstrada abaixo significa que há um desequilíbrio no uso do tempo.

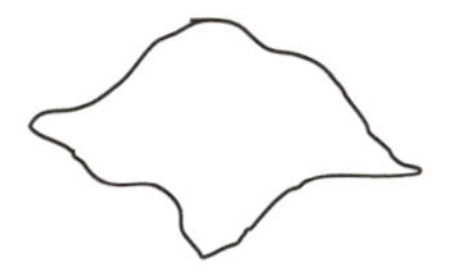

Quem obtiver uma figura semelhante precisa rever as suas prioridades, redefinir seus objetivos, repensar o seu estilo de vida.

É benéfico que dediquemos parte do nosso tempo às pessoas que amamos, aos amigos, ao lazer, para cuidar do corpo e da mente. Ouvir boa música, ler, conversar com os mais velhos, cuidar do nosso lado espiritual. Sem isso, a vida torna-se estressante e vazia. Confundimos o urgente com o fundamental.

O texto a seguir é uma grande lição sobre o tema.

O URGENTE E O FUNDAMENTAL

Linda Tyler

Há assuntos fundamentais e outros meramente urgentes. Saber distingui-los pode proporcionar momentos inesquecíveis pela vida fora.

Certa manhã, faz pouco tempo, quando eu tentava acabar de lavar apressadamente a louça do café da manhã (para poder atacar 25 outros assuntos prementes), senti um puxão na perna. "Mamãe, me põe no colo?", pedia minha filha de dois anos, chupando o dedo e me abraçando. "Agora, não, Laurinha. Tenho muito o que fazer. Vá brincar que eu nano você depois do jantar." Laura deu meia-volta, obediente, com o cabelo louro a dançar aos seus passos curtos e roliços, e foi para o quarto dela.

Eu estava a mirá-la, quando percebi que, dentro de uns seis meses, o andar dela seria diferente; o pedido, um pouco mais amadurecido; e, este momento, uma recordação. Mas não gostei daquilo que eu iria ter para lembrar. "Laurinha, vem cá, vamos brincar, sim", chamei eu. Enxuguei as mãos e, durante uma inestimável meia hora, eu a embalei e cantamos juntas. Por fim, ela se cansou e saltou para o chão para ir brincar bem alegremente sem mim.

Não me lancei outra vez à atividade logo em seguida. Empurrei para o fundo do pensamento a interminável lista de coisas para fazer afixada na porta da geladeira. Pensei nas vezes em que eu tinha trocado o que era fundamental pelo que era só urgente. Eu iria sempre acarinhar na memória aquele tempinho que Laura e eu havíamos passado hoje juntas. Nada poderia substituí-lo, mas eu quase o trocara por deveres que pareciam mais urgentes.

(Condensado de Home Life, *The Sunday School Board*, Nashville, Tennessee, agosto de 1979).

ATIVIDADE 48
AGENDA POSITIVA

CONTEXTUALIZAÇÃO

A maior parte das notícias que chega até nós trata de calamidades e infortúnios. A mídia invade a nossa casa e despeja em nossa sala as mazelas da humanidade: corrupção, assassinatos, acidentes, devastação ambiental, miséria, doenças, guerras e injustiças. Passa-se a ideia de que nada de bom acontece no mundo e que não há mais solução.

Ocorre que o mistério da vida continua, apesar do massacre. Ainda temos sorrisos, amanheceres e entardeceres, os poetas continuam vivos, os cientistas continuam buscando soluções para os nossos problemas, os jovens continuam tendo esperanças e as crianças brincam. Flores e beija-flores continuam se encontrando, rios de águas puras ainda existem.

Precisamos reverenciar o belo da vida, o que temos de puro e o que produzimos com o coração. Ainda temos grandes conquistas e melhorias. Não estamos parados esperando ecocatástrofes.

Somos a geração que decidiu mudar as coisas. Estamos no meio de um grande turbilhão de transformações e isso precisa ser evidenciado.

PROCEDIMENTOS

O objetivo é reunir elementos para construir uma "Agenda" positiva. Ou seja, reunir uma série de exemplos de iniciativas que estão dando certo em relação à temática ambiental. Iniciativas que demonstrem atitudes efetivas de contribuição à melhoria da qualidade de vida.

- Essa lista deve ser elaborada coletivamente, reunindo exemplos trazidos por alun@s, professor@s, pais, funcionári@s da escola e pessoas da comunidade.
- Os exemplos podem ser locais ou não.
- A lista deve ser afixada em forma de cartaz em local bem visível da escola.

EXEMPLOS:

– as fábricas de papel já possuem as próprias áreas de plantio e corte de árvores (manejo);
– muitos postos de gasolina recolhem o óleo lubrificante utilizado e encaminham para re-refino;
– nos palitos de picolé de determinada marca, encontramos informações indicando que aquela madeira vem de floresta de manejo;
– crescem as iniciativas de coleta seletiva;
– nos manuais dos carros novos encontram-se muitas orientações sobre a questão ambiental;
– cresce o uso de energias limpas (eólica e solar);
– cresce a agricultura orgânica em todo o mundo;
– cresce a oferta de cursos universitários na área ambiental, no Brasil;
– no site *www.ibama.gov.br/ambtec* encontra-se o Portal das Tecnologias Ambientalmente Saudáveis;
– o Brasil é o 11.º colocado na Classificação Mundial de Sustentabilidade Ambiental.

Uma parte desta discussão pode ser direcionada para a seguinte inquietação: Por que a mídia dá mais ênfase aos aspectos negativos? O que está por trás disso? Quais interesses podem estar envolvidos?

A outra parte pode ser dirigida à omissão da mídia em informar sobre os sucessos do Brasil, na área ambiental. No índice global de sustentabilidade ambiental, por exemplo, divulgado em 2005, pouco se falou. Veja um resumo dos resultados da classificação dos 175 países estudados pelas universidades de Yale e Colúmbia, nos EUA.

PAÍS	CLASSIFICAÇÃO
Finlândia	1º
Noruega	2º
Uruguai	3º
Suécia	4º
Brasil	11º
Japão	30º
Alemanha	31º
França	36º
Estados Unidos	45º
Reino Unido	65º
China	133º

Hoje o Brasil faz parte das vinte melhores nações do mundo em sustentabilidade socioambiental, ou seja, integramos o grupo das nações que mais contribuem para a manutenção da saúde dos ecossistemas globais, dos mecanismos que asseguram a vida na Terra.

ATIVIDADE 49

APRENDENDO A VOTAR CERTO

CONTEXTUALIZAÇÃO

Vivemos em uma sociedade democrática. Elegemos os nossos representantes por meio do voto direto.

O ato de votar é um ato importante para a vida da comunidade. Se não soubermos votar conscientemente, podemos eleger pessoas erradas e logo estaremos sofrendo as consequências desse erro.

Os países mais desenvolvidos social e economicamente são aqueles cujos governantes executam com competência e honestidade as funções para as quais foram eleitos.

PROCEDIMENTOS

O objetivo desta atividade é exercitar a escolha certa dos governantes, por meio do voto consciente, baseado no julgamento do seu perfil.

- Dividir em grupos e passar a seguinte tarefa.
- Definir o perfil que se deseja para um(a) governante (pode ser prefeito, vereador, deputado, senador, governador ou presidente).
- Esse perfil quer dizer como deverá ser essa pessoa. Quais as suas características? Formação? Histórico? Experiência? Comprometimento? Honestidade? Habilidades? Conhecimento dos problemas da comunidade? Facilidade de comunicação? Relacionamento com as pessoas?
- Após a discussão, cada grupo deve fazer uma lista dessas características desejáveis.
- Em seguida, colocar no quadro de giz os resultados de cada grupo e grifar as características que mais se repetem.
- Reunir em uma só lista as características coincidentes. Com isso, chega-se ao perfil desejado.
- Em seguida, buscar identificar a pessoa que tenha esse perfil. Essa pessoa será @ candidat@ mais próximo do desejado.

DISCUSSÃO

Este é um excelente exercício de reflexão sobre as qualidades que um político deve ter para bem representar a comunidade. Em países escandinavos, essa prática é comum nas escolas. As crianças aprendem desde cedo a estabelecer o perfil desejado dos seus governantes. Não somos nórdicos, é óbvio, mas podemos incorporar essa prática em nosso paraíso tropical.

Apesar de todos os seus defeitos, a democracia ainda é um sistema político bom. É claro que muitos dos seus processos precisam ser aperfeiçoados. O sistema precisa ser mais participativo, interativo. As pessoas teriam de opinar com mais frequência. Não faz sentido eleger uma pessoa e somente após quatro anos voltar a ter um contato com ela. Durante quatro anos oferecemos um "cheque" em branco, assinado.

No Brasil, na verdade, vivemos em uma democracia parcial (se é que existe isso). A democracia é um sistema político em que prevalece a vontade da maioria. Não é o que ocorre, pois o que prevalece é a vontade de grupos que representam grandes interesses econômicos.

O nosso processo democrático está prejudicado pelo atraso das suas instituições. Os políticos mudam de partido a qualquer hora, sem dar a menor satisfação a quem o elegeu, justamente pelas propostas do partido (infidelidade partidária).

A corrupção é a maior doença que impede o exercício da democracia. O momento do voto é o início da cura dessa doença, a principal causa do subdesenvolvimento.

ATIVIDADE 50
COMO NASCE UM PARADIGMA (MODELO)

CONTEXTUALIZAÇÃO

O grande cientista Albert Einstein dizia: "É mais fácil desintegrar um átomo do que um preconceito"; "Não vamos resolver os problemas atuais utilizando o mesmo modelo que os criou".

Há décadas, ou mesmo, há séculos que estamos agindo de forma equivocada em nossas relações com a Terra e com os nossos companheiros de viagem planetária. Maltratamos os animais, as plantas e outros seres vivos como se fosse uma atitude muito natural.

Essa ignorância histórica já está mudando, pois sabe-se que os seres vivos dependem uns dos outros. Formamos todos uma grande teia da vida.

Há algum tempo, era "aceitável" uma pessoa maltratar os sapos, por exemplo. Hoje, muitas crianças já observam esses animais com outros olhos. Agora entende-se que eles fazem parte de um grande projeto evolucionário da natureza; eles têm uma função dentro desse "projeto". Dentre outras funções, os sapos controlam o excesso de população de insetos, pois, do contrário, essa população cresceria de tal forma que a vida no planeta seria inviável.

Os comportamentos agressivos ao meio ambiente, conceitos errôneos, em sua maior parte, foram passados de gerações em gerações tanto no ambiente familiar, no religioso como no escolar.

Criaram-se falsos modelos segundo os quais a natureza está disponível para ser dominada e que o ser humano é o centro de tudo.

Hoje sabemos que somos apenas um dos elos de uma grande corrente. Não viemos para a Terra para dominá-la, mas para conviver em harmonia e aprender com ela, compartilhar e respeitar os seus recursos.

A obrigação de cada cidadão é, portanto, ampliar a percepção das outras pessoas sobre essa realidade.

PROCEDIMENTOS

- Ler e interpretar o texto a seguir:

Como parte de uma pesquisa científica, cinco macacos foram colocados em um quarto em cujo centro havia uma escada que levava a um cacho de bananas.

Sempre que um macaco subia a escada para pegar as bananas, era lançado um forte jato de água gelada sobre os macacos que tinham ficado no chão.

Com o tempo, quando um macaco começava a subir a escada, os demais puxavam-no para baixo e aplicavam uma surra!

Passado mais algum tempo, nenhum macaco se atrevia mais a subir a escada, apesar da tentação das bananas.

Então, os cientistas substituíram um dos cinco macacos. Este novo macaco imediatamente começou a subir a escada, sendo rapidamente retirado dela pelos demais que lhes aplicaram uma surra.

Depois de ter apanhado algumas vezes, o novo integrante do grupo não mais tentava subir a escada.

Em seguida, um segundo macaco foi também substituído e o mesmo ocorreu, tendo o primeiro substituído participado, com entusiasmo, da surra ao novato.

Um terceiro foi trocado e o fato foi repetido. Um quarto e finalmente o último dos veteranos foi substituído.

Tinha-se, então, um grupo de cinco macacos que, mesmo nunca tendo tomado uma ducha de água gelada, continuava batendo naquele que tentasse subir a escada para chegar às bananas.

Se fosse possível perguntar a algum deles por que batiam em quem tentasse subir a escada, com certeza a resposta seria: "Não sei. Aqui, as coisas sempre foram assim".

(Domínio popular)

DISCUSSÃO

A manutenção da mentalidade atual significa o desmonte da sociedade humana. Não temos base física nem biológica para sustentar a ganância dos seres humanos, com suas atitudes de desrespeito e destruição.

A forma como a humanidade vive, na atualidade, é insustentável de várias formas: social, política, econômica, ecológica e eticamente. Permanecer nessa situação significa aumentar o sofrimento de todos.

Há uma clara necessidade de iluminação coletiva da humanidade para o despertar de um novo mundo, uma nova forma de organização social e política, pautada na justiça social, na paz e no respeito mútuo.

Há a necessidade de se forjar um novo estilo de vida. Esse desafio é de todos.

Bem-vinda! Bem-vindo!

REFERÊNCIAS BIBLIOGRÁFICAS

BOYDEN, S. et al. *The ecology of a city and its people*. Canberra, Austrália: Australian National University, 1981. 437 p.

COPER, G. Making links. *Anual Review of EE* (5), p. 47-49, 1993.

DIAS, G. F. *Educação ambiental: princípios e práticas*. 8. ed. São Paulo: Gaia, 2002. 400 p.

______. *Pegada ecológica e sustentabilidade humana*. São Paulo: Gaia, 2002.

______. *Antropoceno* – Iniciação à temática ambiental. São Paulo: Gaia, 2002.

______. *Ecopercepção*. São Paulo: Gaia, 2004.

DREW, N. *A paz também se aprende*. São Paulo: Gaia, 1990. 240 p.

MEYER, W. B. e TURNER II, B. L. Human population growth and global land use/cover change. *Annual Review of Ecology Systematic*, 23: 36-61, 1992.

MYERS, N. *Ultimate security: the environment basis of political sustainability*. Washington D.C.: Island Press, 1996.

NEAL, P. e PALMER, J. *Environmental education in the primary school*. Oxford: Blackwell Education, 1990. 226 p.

NASH, R. F. *The rights of nature: a history of environmental ethics*. Wisconsin: University of Wisconsin, 1989. 290 p.

OLIVEIRA, E. M. *Cidadania e educação ambiental* – Uma proposta de educação no processo de gestão ambiental. Brasília: Edições Ibama, 2003. 232 p.

QUINTAS, J. S. *Pensando e praticando a educação ambiental na gestão do meio ambiente*. 2. ed. Brasília: Edições Ibama, 2002. 206 p.

SIQUEIRA, A. Verde no tanque. *Carta Capital*, ano XI, n. 341, p. 36-38, 11 maio 2005.

STAPP, W. B. et al. The concept of environmental education. *The Journal of Environmental*, v. 1, n. 1, 1998.

SUBRAHMANYAN, V. P. Relevance of meteorology in environmental education. *International Conference on Environmental Education*, 2 nd., New Delhi, India, p. 133-134, 1985.

UNCED. The Earth Sumit. *Connect*, v. 18, n. 2, p. 1-7, 1992.

UNESCO/UNEP. Basic concepts of environmental education. *Connect*, v. 15, n. 2, p. 1-4, 1990.

______. Biodiversity: an increasingly important theme in environmental education. *Connect*, v. 17, n. 4, p. 1-3, 1992.

______. Environmental education means environmental solutions. *Connect*, n. 4, p. 1-3, 1981.

______. Environmental education and the arts. *Connect*, v. 10, n. 2, p. 1-3, 1985.

______. From awareness to action via non formal environmental education. *Connect*, v. 16, n. 1, p. 1-3, 1991.

______. *Intergovernamental Conference on Environmental Education*. Relatório Final, Tbilisi, URSS, 1977.

______. *Interdisciplinary approaches in enviromental education*. Internacional EE Programme. France, 1985. 51 p. (*Environmental Education Series* 14)

______. *La educación ambiental: las grandes orientaciones de la Conferencia de Tbilisi*. Paris: Unesco, 1980. 107 p.

______. Moscow' 87 – Unesco/Unep. Internacional Congress on Enviromental and Trainning. *Connect*, v. 13, n. 13, p. 1-8, 1987.

______. The massage for the media: enviromental education. *Connect*, v. 13, n. 1, p. 1-3, 1988.

______. Simulation and gaming for environmental education. *Connect*, v. 10, n. 2, p. 1-4,1985.

______. Sustainable development via environmental education. *Connect*, v. 13, n. 2, p. 1-3, 1988.

______. *The balance of lifeking: an introduction to the notion human environvent*. Paris:Unesco, Unep-IEP, 1986. 26 p. (*Environmental Education Series* 18)

______. A universal environmental education. *Connect*, v. 13, n. 3, p. 1-3, 1998.

WACKERNAGEL, M. e REES, W. *Our ecological footprint. The new catalyst bioregional series*. Gabriola Island, B.C., Canada: New Society Publishers, 1996. 160 p.

WEBB, E. J. et al. *Inobtrusi-ve measures*. 8. ed. Chicago: Rand MeNally & Company, 1972. 220 p.

Anexos

ANEXO I
CARACTERÍSTICAS DOS ECOSSISTEMAS URBANOS (CIDADES)

O Sol é substituído por combustível fóssil para desenvolver a maior parte das atividades.

- O animal predominante é o ser humano.
- Apresenta alta produtividade social, exporta para outros ecossistemas (informação, tecnologia, serviços etc.).
- Abriga grande diversidade de atividades por área e alta frequência de interações.
- Entrada de matéria/energia além do necessário; é heterotrófico.
- Continua a crescer mesmo quando a sua capacidade de suporte já foi atingida (à custa da redução de outros ecossistemas).
- Utiliza recursos naturais em excesso por unidade de área (megametabolismo), com um prodigioso "apetite" por energia.
- A organização espacial e o seu megametabolismo muda com o tempo, com a cultura e com a economia.
- Opera efetivamente fora de suas fronteiras.
- Exporta a maior parte dos seus impactos negativos para os demais ecossistemas.
- Não têm produtores suficientes em suas próprias áreas para dar suporte a sua população; seus componentes autotróficos não atendem suas demandas.

- O fluxo de energia é uma função do fluxo inverso de dinheiro. O dinheiro é um componente metabólico, cíclico, e opera em sentido oposto ao gasto energético.
- Maximiza as funções econômicas (sociais e ecológicas não o são simultaneamente).
- Um grupo restrito de indivíduos tem acesso a seus benefícios.
- É mais quente do que as áreas circunjacentes (ilha de calor).
- É um "centro de oportunidades". Os seres humanos buscam incessantemente/crescentemente esse ecossistema.
- Há fluxo contínuo de migração (emigração e imigração) que responde por problemas graves (altera profundamente a estrutura e a dinâmica populacional, aumenta a pressão sobre os serviços e equipamentos urbanos, exacerba a competição, gera desemprego e estresse biopsíquico, e aumenta a violência).
- O ser humano é a espécie dominante; por intermédio da tecnologia, aumenta o fotoperíodo desses ambientes e reduz as suas horas de sono, dedicando mais tempo às atividades.
- Oferece infinitos nichos para roedores e insetos (e algumas aves, como o pardal).
- Integra os ambientes que apresentam as maiores pegadas ecológicas no planeta.
- A produção de alimentos e o transporte consomem a maior parte da energia que entra no ecossistema.
- É composto por inúmeros subsistemas em complexidade crescente.
- A sua organização espacial muda com o tempo em função das suas dinâmicas culturais, sociais, ecológicas e políticas.
- Os ecossistemas circunjacentes são obrigados a suprir suas demandas e receber seus detritos.
- Apresenta baixa produtividade biológica sendo grande importador de matéria/energia. A sua produção orgânica não sustenta a sua demanda; opera uma demanda ecológica que a sua área não é capaz de oferecer, contribuindo para o *deficit* global.
- Proporciona pouco senso de íntima conexão com a natureza (poucos reconhecem os serviços prestados pelos ecossistemas).
- Manifesta-se mediante desaparecimento de outros ecossistemas, notadamente florestas e terras agrícolas.
- Quanto maiores são, menos resilientes se tornam.
- Como consumidores compulsivos todos os seus habitantes humanos são cúmplices da destruição ambiental que impõem.

ANEXO II
POLÍTICA NACIONAL DE EDUCAÇÃO AMBIENTAL (LEI 9.795/99)

O Brasil é o único país da América Latina que tem uma Política Nacional específica para a Educação Ambiental. Sem dúvida, foi uma grande conquista política e essa não se deu sem sacrifícios de centenas de ambientalistas anônimos, do Ibama, do Ministério do Meio Ambiente, das universidades, ongueiros(as), em sua luta diária, nos corredores do Congresso, fazendo *lobby*, convencendo parlamentares, demovendo resistências, conquistando cumplicidades.

LEI 9.795, DE 27 DE ABRIL DE 1999

Dispõe sobre a educação ambiental, institui a Política Nacional de Educação Ambiental e dá outras providências.

O PRESIDENTE da REPÚBLICA

Faço saber que o Congresso Nacional decreta e eu sanciono a seguinte Lei:

CAPÍTULO I – DA EDUCAÇÃO AMBIENTAL

Art. 1.º Entendem-se por educação ambiental os processos por meio dos quais o indivíduo e a coletividade constroem valores sociais, conhecimentos, habilidades, atitudes e competências voltadas para a conservação do meio ambiente, bem de uso comum do povo, essencial à sadia qualidade de vida e sua sustentabilidade.

Art. 2.º A educação ambiental é um componente essencial e permanente da educação nacional, devendo estar presente, de forma articulada, em todos os níveis e modalidades do processo educativo, em caráter formal e não formal.

Art. 3.º Como parte do processo educativo mais amplo, todos têm direito à educação ambiental, incumbindo:

I – ao Poder Público, nos termos dos arts. 205 e 225 da Constituição Federal, definir políticas públicas que incorporem a dimensão ambiental, promover a educação ambiental em todos os níveis de ensino e o engajamento da sociedade na conservação, recuperação e melhoria do meio ambiente;

II – às instituições educativas, promover a educação ambiental de maneira integrada aos programas educacionais que desenvolvem;

III – aos órgãos integrantes do Sistema Nacional de Meio Ambiente – SISNAMA, promover ações de educação ambiental integradas aos programas de conservação, recuperação e melhoria do meio ambiente;

IV – aos meios de comunicação de massa, colaborar de maneira ativa e permanente na disseminação de informações e práticas educativas sobre meio ambiente e incorporar a dimensão ambiental em sua programação;

V – às empresas, entidades de classe, instituições públicas e privadas, promover programas destinados à capacitação dos trabalhadores, visando à melhoria e ao controle efetivo sobre o ambiente de trabalho, bem como sobre as repercussões do processo produtivo no meio ambiente;

VI – à sociedade como um todo, manter atenção permanente à formação de valores, atitudes e habilidades que propiciem a atuação individual e coletiva voltada para a prevenção, a identificação e a solução de problemas ambientais.

Art. 4.º São princípios básicos da educação ambiental:

I – o enfoque humanista, holístico, democrático e participativo;

II – a concepção do meio ambiente em sua totalidade, considerando a interdependência entre o meio natural, o socioeconômico e o cultural, sob o enfoque da sustentabilidade;

III – o pluralismo de ideias e concepções pedagógicas, na perspectiva da inter, multi e transdisciplinaridade;

IV – a vinculação entre a ética, a educação, o trabalho e as práticas sociais;

V – a garantia de continuidade e permanência do processo educativo;

VI – a permanente avaliação crítica do processo educativo;

VII – a abordagem articulada das questões ambientais locais, regionais, nacionais e globais;

VIII – o reconhecimento e o respeito à pluralidade e à diversidade individual e cultural.

Art. 5.° São objetivos fundamentais da educação ambiental:

I – o desenvolvimento de uma compreensão integrada do meio ambiente em suas múltiplas e complexas relações, envolvendo aspectos ecológicos, psicológicos, legais, políticos, sociais, econômicos, científicos, culturais e éticos;

II – a garantia de democratização das informações ambientais;

III – o estímulo e o fortalecimento de uma consciência crítica sobre a problemática ambiental e social;

IV – o incentivo à participação individual e coletiva, permanente e responsável, na preservação do equilíbrio do meio ambiente, entendendo-se a defesa da qualidade ambiental como um valor inseparável do exercício da cidadania;

V – o estímulo à cooperação entre as diversas regiões do País, em níveis micro e macrorregionais, com vistas à construção de uma sociedade ambientalmente equilibrada, fundada nos princípios da liberdade, igualdade, solidariedade, democracia, justiça social, responsabilidade e sustentabilidade;

VI – o fomento e o fortalecimento da integração com a ciência e a tecnologia;

VII – o fortalecimento da cidadania, autodeterminação dos povos e solidariedade como fundamentos para o futuro da humanidade.

CAPÍTULO II – DA POLÍTICA NACIONAL DE EDUCAÇÃO AMBIENTAL

Seção I – Disposições Gerais

Art. 6.° É instituída a Política Nacional de Educação Ambiental.

Art. 7.° A Política Nacional de Educação Ambiental envolve, em sua esfera de ação, além dos órgãos e entidades integrantes do Sistema Nacional de Meio Ambiente – SISNAMA, instituições educacionais públicas e privadas dos sistemas de ensino, os órgãos públicos da União, dos Estados, do Distrito Federal e dos Municípios e organizações não governamentais com atuação em educação ambiental.

Art. 8.º As atividades vinculadas à Política Nacional de Educação Ambiental devem ser desenvolvidas na educação em geral e na educação escolar, por meio das seguintes linhas de atuação inter-relacionadas:

I – capacitação de recursos humanos;

II – desenvolvimento de estudos, pesquisas e experimentações;

III – produção e divulgação de material educativo;

IV – acompanhamento e avaliação.

§ 1.º Nas atividades vinculadas à Política Nacional de Educação Ambiental serão respeitados os princípios e objetivos fixados por esta Lei.

§ 2.º A capacitação de recursos humanos voltar-se-à para:

I – a incorporação da dimensão ambiental na formação, especialização e atualização dos educadores de todos os níveis e modalidades de ensino;

II – a incorporação da dimensão ambiental na formação, especialização e atualização dos profissionais de todas as áreas;

III – a preparação de profissionais orientados para as atividades de gestão ambiental;

IV – a formação, especialização e atualização de profissionais na área de meio ambiente;

V – o atendimento da demanda dos diversos segmentos da sociedade no que diz respeito à problemática ambiental.

§ 3.º As ações de estudos, pesquisas e experimentações voltar-se-ão para:

I – o desenvolvimento de instrumentos e metodologias, visando à incorporação da dimensão ambiental, de forma interdisciplinar, nos diferentes níveis e modalidades de ensino;

II – a difusão de conhecimentos, tecnologias e informações sobre a questão ambiental;

III – o desenvolvimento de instrumentos e metodologias, visando à participação dos interessados na formulação e execução de pesquisas relacionadas à problemática ambiental;

IV – a busca de alternativas curriculares e metodológicas de capacitação na área ambiental;

V – o apoio a iniciativas e experiências locais e regionais, incluindo a produção de material educativo;

VI – a montagem de uma rede de banco de dados e imagens, para apoio às ações enumeradas nos incisos I a V.

Seção II – Da Educação Ambiental no Ensino Formal

Art. 9.º Entende-se por educação ambiental na educação escolar a desenvolvida no âmbito dos currículos das instituições de ensino públicas e privadas, englobando:

I – educação básica:

a. educação infantil;

b. ensino fundamental e

c. ensino médio;

II – educação superior;

III – educação especial;

IV – educação profissional;

V – educação de jovens e adultos.

Art. 10.º A educação ambiental será desenvolvida como uma prática educativa integrada, contínua e permanente em todos os níveis e modalidades do ensino formal.

§ 1.º A educação ambiental não deve ser implantada como disciplina específica no currículo de ensino.

§ 2.º Nos cursos de pós-graduação, extensão e nas áreas voltadas ao aspecto metodológico da educação ambiental, quando se fizer necessário, é facultada a criação de disciplina específica.

§ 3.º Nos cursos de formação e especialização técnico-profissional, em todos os níveis, deve ser incorporado conteúdo que trate da ética ambiental das atividades profissionais a serem desenvolvidas.

Art. 11.º A dimensão ambiental deve constar dos currículos de formação de professores, em todos os níveis e em todas as disciplinas.

Parágrafo único. Os professores em atividade devem receber formação complementar em suas áreas de atuação, com o propósito de atender adequadamente ao cumprimento dos princípios e objetivos da Política Nacional de Educação Ambiental.

Art. 12.º A autorização e supervisão do funcionamento de instituições de ensino e de seus cursos, nas redes pública e privada, observarão o cumprimento do disposto nos arts. 10 e 11 desta Lei.

Seção III – Da Educação Ambiental Não Formal

Art. 13.º Entendem-se por educação ambiental não formal as ações e práticas educativas voltadas à sensibilização da coletividade sobre as questões ambientais e à sua organização e participação na defesa da qualidade do meio ambiente.

Parágrafo único. O Poder Público, em níveis federal, estadual e municipal, incentivará:

I – a difusão, por intermédio dos meios de comunicação de massa, em espaços nobres, de programas e campanhas educativas e de informações acerca de temas relacionados ao meio ambiente;

II – a ampla participação da escola, da universidade e de organizações não governamentais na formulação e execução de programas e atividades vinculadas à educação ambiental não formal;

III – a participação de empresas públicas e privadas no desenvolvimento de programas de educação ambiental em parceria com a escola, a universidade e as organizações não governamentais;

IV – a sensibilização da sociedade para a importância das unidades de conservação;

V – a sensibilização ambiental das populações tradicionais ligadas às unidades de conservação;

VI – a sensibilização ambiental dos agricultores;

VII – o ecoturismo.

CAPÍTULO III – DA EXECUÇÃO DA POLÍTICA NACIONAL DE EDUCAÇÃO AMBIENTAL

Art. 14.º A coordenação da Política Nacional de Educação Ambiental ficará a cargo de um órgão gestor, na forma definida pela regulamentação desta Lei.

Art. 15.º São atribuições do órgão gestor:

I – definição de diretrizes para implementação em âmbito nacional;

II – articulação, coordenação e supervisão de planos, programas e projetos na área de educação ambiental, em âmbito nacional;

III – participação na negociação de financiamentos a planos, programas e projetos na área de educação ambiental.

Art. 16.º Os Estados, o Distrito Federal e os Municípios, na esfera de sua competência e nas áreas de sua jurisdição, definirão diretrizes, normas e critérios para a educação ambiental, respeitados os princípios e objetivos da Política Nacional de Educação Ambiental.

Art. 17.º A eleição de planos e programas, para fins de alocação de recursos públicos, vinculados à Política Nacional de Educação Ambiental, deve ser realizada levando-se em conta os seguintes critérios:

I – conformidade com os princípios, objetivos e diretrizes da Política Nacional de Educação Ambiental;

II – prioridade dos órgãos integrantes do SISNAMA e do Sistema Nacional de Educação;

III – economicidade, medida pela relação entre a magnitude dos recursos a alocar e o retorno social propiciado pelo plano ou programa proposto.

Parágrafo único. Na eleição a que se refere o *caput* deste artigo, devem ser contemplados, de forma equitativa, os planos, programas e projetos das diferentes regiões do País.

Art. 18.º (VETADO)

Art. 19.º Os programas de assistência técnica e financeira relativos a meio ambiente e educação, em níveis federal, estadual e municipal, devem alocar recursos às ações de educação ambiental.

CAPÍTULO IV – DISPOSIÇÕES FINAIS

Art. 20.º O Poder Executivo regulamentará esta Lei no prazo de noventa dias de sua publicação, ouvidos o Conselho Nacional de Meio Ambiente e o Conselho Nacional de Educação.

Art. 21.º Esta Lei entra em vigor na data de sua publicação.

Brasília, 27 de abril de 1999; 178º da Independência e 111º da República

Fernando Henrique Cardoso
Paulo Renato Souza
José Sarney Filho

CA: Vale salientar que o artigo que previa a destinação de 20% dos valores das multas para a EA foi vetado. As justificativas, de que havia sobreposição de competências, não convenceram os ambientalistas.

ANEXO III
SISTEMA NACIONAL DE UNIDADES DE CONSERVAÇÃO DA NATUREZA (RESUMO)

Art. 1.º Esta Lei institui o Sistema Nacional de Unidades de Conservação da Natureza – SNUC, estabelece critérios e normas para a criação, implantação e gestão das unidades de conservação.

Art. 2.º Para os fins previstos nesta Lei, entende-se por:

I – *unidade de conservação*: espaço territorial e seus recursos ambientais, incluindo as águas jurisdicionais, com características naturais relevantes, legalmente instituído pelo Poder Público, com objetivos de conservação e limites definidos, sob regime especial de administração, ao qual se aplicam garantias adequadas de proteção;

II – *conservação da natureza*: o manejo do uso humano da natureza, compreendendo a preservação, a manutenção, a utilização sustentável, a restauração e a recuperação do ambiente natural, para que possa produzir o maior benefício, em bases sustentáveis, às atuais gerações, mantendo seu potencial de satisfazer as necessidades e aspirações das gerações futuras, e garantindo a sobrevivência dos seres vivos em geral;

III – *diversidade biológica*: a variabilidade de organismos vivos de todas as origens, compreendendo, dentre outros, os ecossistemas terrestres, marinhos e outros ecossistemas aquáticos e os complexos ecológicos de que fazem parte; compreendendo ainda a diversidade dentro de espécies, entre espécies e de ecossistemas;

IV – *recurso ambiental*: a atmosfera, as águas interiores, superficiais e subterrâneas, os estuários, o mar territorial, o solo, o subsolo, os elementos da biosfera, a fauna e a flora;

V – *preservação*: conjunto de métodos, procedimentos e políticas que visem a proteção a longo prazo das espécies, hábitats e ecossistemas, além da manutenção dos processos ecológicos, prevenindo a simplificação dos sistemas naturais;

VI – *proteção integral*: manutenção dos ecossistemas livres de alterações causadas por interferência humana, admitido apenas o uso indireto dos seus atributos naturais;

VII – *conservação* in situ: conservação de ecossistemas e hábitats naturais e a manutenção e recuperação de populações viáveis de espécies em seus meios naturais e, no caso de espécies domesticadas ou cultivadas, nos meios onde tenham desenvolvido suas propriedades características;

VIII – *manejo*: todo e qualquer procedimento que vise assegurar a conservação da diversidade biológica e dos ecossistemas;

IX – *uso indireto*: aquele que não envolve consumo, coleta, dano ou destruição dos recursos naturais;

X – *uso direto*: aquele que envolve coleta e uso, comercial ou não, dos recursos naturais;

XI – *uso sustentável*: exploração do ambiente de maneira a garantir a perenidade dos recursos ambientais renováveis e dos processos ecológicos, mantendo a biodiversidade e os demais atributos ecológicos, de forma socialmente justa e economicamente viável;

XVI – *zoneamento*: definição de setores ou zonas em uma unidade de conservação com objetivos de manejo e normas específicos, com o propósito de proporcionar os meios e as condições para que todos os objetivos da unidade possam ser alcançados de forma harmônica e eficaz;

XVII – *plano de manejo*: documento técnico mediante o qual, com fundamento nos objetivos gerais de uma unidade de conservação, se estabelece o seu zoneamento e as normas que devem presidir o uso da área e o manejo dos recursos naturais, inclusive a implantação das estruturas físicas necessárias à gestão da unidade;

XVIII – *zona de amortecimento*: o entorno de uma unidade de conservação, onde as atividades humanas estão sujeitas a normas e restrições específicas, com o propósito de minimizar os impactos negativos sobre a unidade; e

XIX – *corredores ecológicos*: porções de ecossistemas naturais ou seminaturais, ligando unidades de conservação, que possibilitam entre elas o fluxo de genes e o movimento da biota, facilitando a dispersão de espécies e a recolonização de áreas degradadas, bem como a manutenção de populações que demandam para sua sobrevivência áreas com extensão maior do que aquela das unidades individuais.

Art. 3.º O Sistema Nacional de Unidades de Conservação da Natureza – SNUC é constituído pelo conjunto das unidades de conservação federais, estaduais e municipais, de acordo com o disposto nesta Lei.

Art. 4.º O **SNUC** tem os seguintes **objetivos**:

I – contribuir para a manutenção da diversidade biológica e dos recursos genéticos no território nacional e nas águas jurisdicionais;

II – proteger as espécies ameaçadas de extinção no âmbito regional e nacional;

III – contribuir para a preservação e a restauração da diversidade de eco-sistemas naturais;

IV – promover o desenvolvimento sustentável a partir dos recursos naturais;

V – promover a utilização dos princípios e práticas de conservação da natureza no processo de desenvolvimento;

VI – proteger paisagens naturais e pouco alteradas de notável beleza cênica;

VII – proteger as características relevantes de natureza geológica, geomorfológica, espeleológica, arqueológica, paleontológica e cultural.

VIII – proteger e recuperar recursos hídricos e edáficos;

IX – recuperar ou restaurar ecossistemas degradados;

X – proporcionar meios e incentivos para atividades de pesquisa científica, estudos e monitoramento ambiental.

XI – valorizar econômica e socialmente a diversidade biológica;

XII – favorecer condições e promover a educação e interpretação ambiental, a recreação em contato com a natureza e o turismo ecológico;

XIII – proteger os recursos naturais necessários à subsistência de populações tradicionais, respeitando e valorizando seu conhecimento e sua cultura e promovendo-as social e economicamente.

DAS CATEGORIAS DE UNIDADES DE CONSERVAÇÃO

Art. 7.º As unidades de conservação integrantes do SNUC dividem-se em dois grupos, com características específicas:

I – Unidades de Proteção Integral;

II – Unidades de Uso Sustentável.

§ 1.º O objetivo básico das Unidades de Proteção Integral é preservar a natureza, sendo admitido apenas o uso indireto dos seus recursos naturais, com exceção dos casos previstos nesta Lei.

§ 2.º O objetivo básico das Unidades de Uso Sustentável é compatibilizar a conservação da natureza com o uso sustentável de parcela dos seus recursos naturais.

Art. 8.º O grupo das **Unidades de Proteção Integral** é composto pelas seguintes categorias de unidade de conservação:

I – Estação Ecológica;

II – Reserva Biológica;

III – Parque Nacional;

IV – Monumento Natural;

V – Refúgio de Vida Silvestre.

Art. 9.º A **Estação Ecológica** tem como objetivo a preservação da natureza e a realização de pesquisas científicas.

§ 1.º A Estação Ecológica é de posse e domínio públicos, sendo que as áreas particulares incluídas em seus limites serão desapropriadas, de acordo com o que dispõe a Lei.

§ 2.º É proibida a visitação pública, exceto quando com objetivo educacional, de acordo com o que dispuser o Plano de Manejo da unidade ou regulamento específico.

§ 3.º A pesquisa científica depende de autorização prévia do órgão responsável pela administração da unidade e está sujeita às condições e restrições por este estabelecidas, bem como àquelas previstas em regulamento.

§ 4.º Na Estação Ecológica só podem ser permitidas alterações dos ecossistemas no caso de:

I – medidas que visem a restauração de ecossistemas modificados;

II – manejo de espécies com o fim de preservar a diversidade biológica;

III – coleta de componentes dos ecossistemas com finalidades científicas;

IV – pesquisas científicas cujo impacto sobre o ambiente seja maior do que aquele causado pela simples observação ou pela coleta controlada de componentes dos ecossistemas, em uma área correspondente a no máximo três por cento da extensão total da unidade e até o limite de um mil e quinhentos hectares.

Art. 10.º A **Reserva Biológica** tem como objetivo a preservação integral da biota e demais atributos naturais existentes em seus limites, sem interferência humana direta ou modificações ambientais, excetuando-se as medidas de recuperação de seus ecossistemas alterados e as ações de manejo necessárias para recuperar e preservar o equilíbrio natural, a diversidade biológica e os processos ecológicos naturais.

§ 1.º A Reserva Biológica é de posse e domínio públicos, sendo que as áreas particulares incluídas em seus limites serão desapropriadas, de acordo com o que dispõe a lei.

§ 2.º É proibida a visitação pública, exceto aquela com objetivo educacional, de acordo com regulamento específico.

§ 3.º A pesquisa científica depende de autorização prévia do órgão responsável pela administração da unidade e está sujeita às condições e restrições por este estabelecidas, bem como àquelas previstas em regulamento.

Art. 11.º O **Parque Nacional** tem como objetivo básico a preservação de ecossistemas naturais de grande relevância ecológica e beleza cênica, possibilitando a realização de pesquisas científicas e o desenvolvimento de atividades de educação e interpretação ambiental, de recreação em contato com a natureza e de turismo ecológico.

§ 1.º O Parque Nacional é de posse e domínio públicos, sendo que as áreas particulares incluídas em seus limites serão desapropriadas, de acordo com o que dispõe a lei.

§ 2.º A visitação pública está sujeita às normas e restrições estabelecidas no Plano de Manejo da unidade, **Sistema Nacional de Unidades de Conservação da Natureza** (resumo) às normas estabelecidas pelo órgão responsável por sua administração, e àquelas previstas em regulamento.

§ 3.º A pesquisa científica depende de autorização prévia do órgão responsável pela administração da unidade e está sujeita às condições e restrições por este estabelecidas, bem como àquelas previstas em regulamento.

§ 4.º As unidades dessa categoria, quando criadas pelo Estado ou Município, serão denominadas, respectivamente, Parque Estadual e Parque Natural Municipal.

Art. 12. O **Monumento Natural** tem como objetivo básico preservar sítios naturais raros, singulares ou de grande beleza cênica.

§ 3.º A visitação pública está sujeita às condições e restrições estabelecidas no Plano de Manejo da unidade, às normas estabelecidas pelo órgão responsável por sua administração e àquelas previstas em regulamento.

Art. 13. O **Refúgio de Vida Silvestre** tem como objetivo proteger ambientes naturais onde se asseguram condições para a existência ou reprodução de espécies ou comunidades da flora local e da fauna residente ou migratória.

§ 1.º O Refúgio de Vida Silvestre pode ser constituído por áreas particulares, desde que seja possível compatibilizar os objetivos da unidade com a utilização da terra e dos recursos naturais do local pelos proprietários.

§ 2.º Havendo incompatibilidade entre os objetivos da área e as atividades privadas ou não havendo aquiescência do proprietário às condições propostas pelo órgão responsável pela administração da unidade para a coexistência do Refúgio de Vida Silvestre com o uso da propriedade, a área deve ser desapropriada, de acordo com o que dispõe a lei.

§ 3.º A visitação pública está sujeita às normas e restrições estabelecidas no Plano de Manejo da unidade, às normas estabelecidas pelo órgão responsável por sua administração e àquelas previstas em regulamento.

§ 4.º A pesquisa científica depende de autorização prévia do órgão responsável pela administração da unidade e está sujeita às condições e restrições por este estabelecidas, bem como àquelas previstas em regulamento.

Art. 14.º Constituem o Grupo das Unidades de **Uso Sustentável** as seguintes categorias de unidade de conservação:

I – Área de Proteção Ambiental (APA);

II – Área de Relevante Interesse Ecológico (ERIE);

III – Floresta Nacional (FLONA);

IV – Reserva Extrativista;

V – Reserva de Fauna;

VI – Reserva de Desenvolvimento Sustentável; e

VII – Reserva Particular do Patrimônio Natural (RPPN).

Art. 15.º A **Área de Proteção Ambiental** é uma área em geral extensa, com um certo grau de ocupação humana, dotada de atributos abióticos, bióticos, estéticos ou culturais especialmente importantes para a qualidade de vida e o bem-estar das populações humanas, e tem como objetivos básicos proteger a diversidade biológica, disciplinar o processo de ocupação e assegurar a sustentabilidade do uso dos recursos naturais.

§ 1.º A Área de Proteção Ambiental é constituída por terras públicas ou privadas.

§ 2.º Respeitados os limites constitucionais, podem ser estabelecidas normas e restrições para a utilização de uma propriedade privada localizada em uma Área de Proteção Ambiental.

§ 3.º As condições para a realização de pesquisa científica e visitação pública nas áreas sob domínio público serão estabelecidas pelo órgão gestor da unidade.

§ 4.º Nas áreas sob propriedade privada, cabe ao proprietário estabelecer as condições para pesquisa e visitação pelo público, observadas as exigências e restrições legais.

§ 5.º A Área de Proteção Ambiental disporá de um Conselho presidido pelo órgão responsável por sua administração e constituído por representantes dos órgãos públicos, de organizações da sociedade civil e da população residente, conforme se dispuser no regulamento desta Lei.

Art. 16.º A **Área de Relevante Interesse Ecológico** é uma área em geral de pequena extensão, com pouca ou nenhuma ocupação humana, com características naturais extraordinárias ou que abriga exemplares raros da biota regional, e tem como objetivo manter os ecossistemas naturais de importância regional ou local e regular o uso admissível dessas áreas, de modo a compatibilizá-lo com os objetivos de conservação da natureza.

§ 1.º A Área de Relevante Interesse Ecológico é constituída por terras públicas ou privadas.

Art. 17.º A **Floresta Nacional** é uma área com cobertura florestal de espécies predominantemente nativas e tem como objetivo básico o uso múltiplo sustentável dos recursos florestais e a pesquisa científica, com ênfase em métodos para exploração sustentável de florestas nativas.

§ 1.º A Floresta Nacional é de posse e domínio públicos, sendo que as áreas particulares incluídas em seus limites devem ser desapropriadas de acordo com o que dispõe a lei.

§ 2.º Nas Florestas Nacionais é admitida a permanência de populações tradicionais que a habitam quando de sua criação, em conformidade com o disposto em regulamento e no Plano de Manejo da unidade.

§ 3.º A visitação pública é permitida, condicionada às normas estabelecidas para o manejo da unidade pelo órgão responsável por sua administração.

§ 4.º A pesquisa é permitida e incentivada, sujeitando-se à prévia autorização do órgão responsável pela administração da unidade, às condições e restrições por este estabelecidas e àquelas previstas em regulamento.

§ 5.º A Floresta Nacional disporá de um Conselho Consultivo, presidido pelo órgão responsável por sua administração e constituído por representantes de órgãos públicos, de organizações da sociedade civil e, quando for o caso, das populações tradicionais residentes.

§ 6.º A unidade desta categoria, quando criada pelo Estado ou Município, será denominada, respectivamente, Floresta Estadual e Floresta Municipal.

Art. 18.º A **Reserva Extrativista** é uma área utilizada por populações extrativistas tradicionais, cuja subsistência baseia-se no extrativismo e, complementarmente, na agricultura de subsistência e na criação de animais de pequeno porte, e tem como objetivos básicos proteger os meios de vida e a cultura dessas populações, e assegurar o uso sustentável dos recursos naturais da unidade.

§ 1.º A Reserva Extrativista é de domínio público, com uso concedido às populações extrativistas tradicionais conforme o disposto no art. 23 desta

Lei e em regulamentação específica, sendo que as áreas particulares incluídas em seus limites devem ser desapropriadas, de acordo com o que dispõe a Lei.

§ 3.° A visitação pública é permitida, desde que compatível com os interesses locais e de acordo com o disposto no Plano de Manejo da área.

§ 4.° A pesquisa científica é permitida e incentivada, sujeitando-se à prévia autorização do órgão responsável pela administração da unidade, às condições e restrições por este estabelecidas e às normas previstas em regulamento.

§ 6.° São proibidas a exploração de recursos minerais e a caça amadorística ou profissional.

§ 7.° A exploração comercial de recursos madeireiros só será admitida em bases sustentáveis e em situações especiais e complementares às demais atividades desenvolvidas na Reserva Extrativista, conforme o disposto em regulamento e no Plano de Manejo da unidade.

Art. 19.° A **Reserva de Fauna** é uma área natural com populações animais de espécies nativas, terrestres ou aquáticas, residentes ou migratórias, adequadas para estudos técnico-científicos sobre o manejo econômico sustentável de recursos faunísticos.

§ 1.° A Reserva de Fauna é de posse e domínio públicos, sendo que as áreas particulares incluídas em seus limites devem ser desapropriadas de acordo com o que dispõe a lei.

§ 2.° A visitação pública pode ser permitida, desde que compatível com o manejo da unidade e de acordo com as normas estabelecidas pelo órgão responsável por sua administração.

§ 3.° É proibido o exercício da caça amadorística ou profissional.

§ 4.° A comercialização dos produtos e subprodutos resultantes das pesquisas obedecerá ao disposto nas leis sobre fauna e regulamentos.

Art. 20.° A **Reserva de Desenvolvimento Sustentável** é uma área natural que abriga populações tradicionais, cuja existência baseia-se em sistemas sustentáveis de exploração dos recursos naturais, desenvolvidos ao longo de gerações e adaptados às condições ecológicas locais e que desempenham um papel fundamental na proteção da natureza e na manutenção da diversidade biológica.

§ 1.° A Reserva de Desenvolvimento Sustentável tem como objetivo básico preservar a natureza e, ao mesmo tempo, assegurar as condições e os meios necessários para a reprodução e a melhoria dos modos e da qualidade de vida e exploração dos recursos naturais das populações tradicionais, bem como valorizar, conservar e aperfeiçoar o conhecimento e as técnicas de manejo do ambiente, desenvolvido por estas populações.

§ 2.º A Reserva de Desenvolvimento Sustentável é de domínio público, sendo que as áreas particulares incluídas em seus limites devem ser, quando necessário, desapropriadas, de acordo com o que dispõe a lei.

§ 5.º As atividades desenvolvidas na Reserva de Desenvolvimento Sustentável obedecerão às seguintes condições:

I – é permitida e incentivada a visitação pública, desde que compatível com os interesses locais e de acordo com o disposto no Plano de Manejo da área;

II – é permitida e incentivada a pesquisa científica voltada à conservação da natureza, à melhor relação das populações residentes com seu meio e à educação ambiental, sujeitando-se à prévia autorização do órgão responsável pela administração da unidade, às condições e restrições por este estabelecidas e às normas previstas em regulamento;

III – deve ser sempre considerado o equilíbrio dinâmico entre o tamanho da população e a conservação; e

IV – é admitida a exploração de componentes dos ecossistemas naturais em regime de manejo sustentável e a substituição da cobertura vegetal por espécies cultiváveis, desde que sujeitas ao zoneamento, às limitações legais e ao Plano de Manejo da área.

§ 6.º O Plano de Manejo da Reserva de Desenvolvimento Sustentável definirá as zonas de proteção integral, de uso sustentável e de amortecimento e corredores ecológicos, e será aprovado pelo Conselho Deliberativo da unidade.

Art. 21.º A **Reserva Particular do Patrimônio Natural** é uma área privada, gravada com perpetuidade, com o objetivo de conservar a diversidade biológica.

§ 1.º O gravame de que trata este artigo constará de termo de compromisso assinado perante o órgão ambiental, que verificará a existência de interesse público, e será averbado à margem da inscrição no Registro Público de Imóveis.

§ 2.º Só poderá ser permitida, na Reserva Particular do Patrimônio Natural, conforme se dispuser em regulamento:

I – a pesquisa científica;

II – a visitação com objetivos turísticos, recreativos e educacionais;

§ 3.º Os órgãos integrantes do SNUC, sempre que possível e oportuno, prestarão orientação técnica e científica ao proprietário de Reserva Particular do Patrimônio Natural para a elaboração de um Plano de Manejo ou de Proteção e de Gestão da unidade.